CAPACITACIÓN EFECTIVA

Gerardo Soto

Capacitación Efectiva
Gerardo Soto

Revisión y edición: Marjorie Daphnis y Gerardo Soto

Diseño: Roxana Soto y Gerardo Soto

Primera edición, octubre 2020

gsotoo@solderh.com
www.solderh.com

INDICE

ÍNDICE

CAPACITACIÓN EFECTIVA

Prólogo

Existe un viejo chiste entre consultores en Desarrollo Organizacional sobre la importancia de la capacitación y a su vez la postura tan desvalorizada que puede llegar a tener como parte fundamental del crecimiento de una empresa; cuentan que el Director General de una empresa platicaba con el Director Financiero sobre el presupuesto asignado para la capacitación de su gente durante el año, a lo cual el Director Financiero exclamaba con mucho pesar "para qué gastar tanto dinero en esto", imagínate que los capacitamos y luego deciden irse de la empresa", a lo cual el Director General le contesta sarcásticamente "peor aún, imagínate que no los capacitamos y deciden quedarse". Este viejo chiste no es otra cosa más que el reflejo claro y puntual de una cultura miope y limitada, que ve la capacitación como una obligación patronal a cumplir ante la Secretaría del Trabajo y Previsión Social, cuando en realidad debería ser vista como una estrategia a mediano y largo plazo para el crecimiento económico y operacional de la misma empresa.

Afortunadamente existen muchas personas que ven en el Capital Humano, la fortaleza de la misma organización y buscan de manera continua su formación y desarrollo laboral como una inversión, una manera de incrementar su capital humano y por ende su potencia como empresa. Para estas personas es un acuerdo ganar-ganar y por eso la capacitación no debe ser tomada a la ligera, se requiere de una estrategia bien planteada y objetivos sumamente específicos sobre lo que se necesita lograr.

En las últimas cinco décadas, el concepto de capacitación ha cambiado mucho; los sistemas educativos han tenido que adaptarse a demandas sociales que ni siquiera eran previsibles hace unos años. Particularmente, en el transcurso de las dos últimas décadas se han ido imponiendo en el mundo de la capacitación, una serie de planteamientos para dar opciones a la demanda de educación dentro de las empresas; tales como: diplomados, especializaciones, maestrías, cursos, entre otros.

Hoy en día las empresas necesitan personal altamente calificado y entrenado, no sólo en cuestiones técnicas y operativas, sino en habilidades de una naturaleza interpersonal, ejecutiva e incluso emocional. Muchas de estas habilidades, controversialmente llamadas *soft skills,* se vuelven fundamentales en la toma de decisiones y desarrollo de las mismas organizaciones. Por esta misma razón el papel de los instructores y capacitadores cobra mayor relevancia para poder desarrollar y ejecutar cursos y talleres que capten el interés de los participantes y por encima de todo, que sean aplicables a las situaciones diarias y retos que enfrentan en su trayectoria laboral.

En este libro el autor propone estrategias de integración de conocimientos que modifican los procesos y las prácticas de enseñar y de aprender. Se vuelve un manual detallado del proceso de la venta, desarrollo, implementación y seguimiento de la capacitación dentro de las empresas. En éste, encontrarás de forma detallada ejemplos de procesos de transformación en el funcionamiento, organización y gestión de la capacitación tradicional y a distancia; mismos que presentan problemáticas y puntos críticos que es necesario identificar y analizar con el objetivo de diseñar estrategias que posibiliten mejorar la calidad de esta oferta educativa. Todo ello desde la teoría académica, pero sobre todo desde la experiencia y vivencias de más de dos décadas del mismo autor en el mundo de la capacitación y consultoría.

Este libro fue dividido en dos partes. Los capítulos nones son narraciones y relatos de toda su trayectoria laboral, sus vivencias, satisfacciones, sufrimientos, problemas, aprendizajes, reflexiones, y cambios. Los capítulos pares explican adecuadamente la forma de trabajar para impartir un curso; lo que se hace para que sea aprobado, todo el proceso de planeación, la impartición y lo que se reporta después de haberse dado un curso.

Gerardo nos comparte en este libro con lujo de detalle sus alegrías y decepciones, sus enseñanzas y desventuras; así como las relaciones personales y profesionales que lo han convertido en el exitoso consultor e instructor que es hoy en día y en el cuál comparte con nosotros este material.

Joselo Arizaleta
Maestro en Desarrollo Organizacional y
Consultor en Aprovechamiento Laboral

CAPÍTULO 1
RELATO
"DEL MICRÓFONO AL AULA"

Nunca pensé que llevaría más de 20 años dedicado a la capacitación, es más, ni siquiera pensé que me dedicaría a ella y menos que tendría facilidad para ejercerla.

Cuando tenía 14 años decidí lo que quería ser en la vida, eso era ser un comentarista deportivo. Desde niño siempre fui fanático de los deportes. Primero jugaba fútbol, luego tenis, béisbol, tae kwon do y después, basquetbol.

Desde niño me encantaba ver eventos deportivos en la televisión, especialmente el fútbol soccer, el béisbol y el tenis. Ponía mucha atención y se me quedaban grabadas frases de las narraciones deportivas y luego, cuando jugaba con mis amigos y mis primos, me gustaba narrar lo que estaba jugando. Así que en la secundaria decidí que lo que quería hacer en la vida era dedicar mi vida a la narración deportiva.

Investigué y me di cuenta de que no había una carrera profesional o licenciatura como comentarista, lo más cercano a esto era estudiar la Licenciatura en Ciencias de la Comunicación.

Fue así como en enero de 1993 ingresé a la universidad en el Tec de

Monterrey. Fui afortunado de poder elegir la carrera que yo quería estudiar y en la universidad que pensaba era la mejor para mí.

La carrera no fue tan difícil cursarla, pero sí terminarla, la situación económica de mi familia no era la mejor. A la mitad de la carrera pude obtener una beca y tuve que trabajar los fines de semana como mesero en el salón de fiestas del papá de un amigo mío para poder juntar dinero para mis gastos.

En mayo de 1997 me gradué como Licenciado en Ciencias de la Comunicación. Con la carrera tenía muy buenas bases, pero me faltaba más para poder llegar a ser comentarista deportivo.

Durante esa época fui a un par de entrevistas a Televisa y TV Azteca, pero en ambas, mi sueño quedaba truncado porque al hacer pruebas siempre me ponía nervioso. Además, para ser comentarista no sólo es necesario que te gusten los deportes y saber mucho del tema, también es muy importante saber hablar bien, sin muletillas, ser descriptivo, empático y natural al hablar cuando te están grabando.

Así que después de mis dos tropiezos me enteré por medio de un amigo de mi papá que había una escuela especializada para comentaristas deportivos, de hecho, la única en el país en 1998. Fue así como ingresé a estudiar mi especialidad de Comentarista Deportivo en el Centro de Capacitación Raúl de Campo Jr.

En esta escuela tuve el gusto de conocer a mis dos primeros maestros, de quienes aprendí mucho. Me refiero a Lauro Alvarado y a Jorge "Che" Ventura (QEPD). En la escuela de comentaristas estudié dos años. Cada materia deportiva duraba tres meses y siempre veíamos tres temas: Historia, Reglamentos y Narración. Recuerdo haber llevado materias como: Fútbol, Béisbol, Fútbol Americano, Tenis, Basquetbol, Artes Marciales, Toros y Atletismo.

En 1999 nos avisaron a los alumnos que se había abierto un nuevo programa de radio en Grupo Acir, en el cual podíamos grabar cápsulas deportivas de entre tres y cinco minutos, y si tenía buena calidad, podían pasar al aire. Fue así como debuté con una cápsula grabada, a la cual llamé "Cara a Cara", y en la que comparaba a dos deportistas de la misma disciplina. Cada fin de semana empezaron a pasar mis cápsulas en el programa de radio por un periodo de seis meses, hasta que surgió una oportunidad que no esperaba: el 2 de noviembre de 1999 transmiteron mi cápsula en la que comparaba a los corredores de carreras Adrián Fernández y Michel Jourdain Jr. Esa noche salí a cenar con mi primo Octavio y su novia. A donde fuimos a cenar transmitieron la carrera, sorpresivamente, Adrián Fernández ganó la carrera de Motegi (Japón) y al día siguiente, se convirtió en la noticia del día. No había nadie en el programa que supiera de automovilismo y como yo había elaborado la cápsula me llamaron y me dijeron el domingo por la mañana que iniciaba en vivo.

El 3 de noviembre al mediodía debuté en la radio y afortunadamente, pude vencer los nervios, la intervención gustó mucho al productor y al "Che", quien era el conductor principal del programa. Fue así como me gané un espacio cada fin de semana. Mi carrera como comentarista empezaba a subir.

La radio es un medio muy bonito para trabajar, pero muy mal pagado. El trabajo se da los fines de semana porque es cuando había más eventos deportivos. Fue por ello que tuve que buscar un trabajo formal en una oficina para poder colaborar con los gastos en casa de mis padres.

En enero del 2000 fui a una entrevista a Barter, una pequeña empresa que organizaba intercambios comerciales, la cual estaba comandada por dos jóvenes y brillantes empresarios, Enrique y Alicia Enciso. La vacante era para un puesto de ventas. Además de la entrevista me hicieron una prueba de habilidad, en la que me fue fatal y no vendí nada, pero me dijeron que me habían visto otras habilidades, así que me preguntaron si estaba interesado en la vacante de Asistente de Capacitación. A pesar de no tener experiencia, acepté la propuesta. Fue así como mi vida estaba llena de trabajo, en capacitación de lunes a viernes, y los fines de semana como comentarista deportivo.

En marzo del 2000 tuve varias diferencias con el productor y a pesar de mi buena relación con el Ché, decidí dejar el programa y enfocarme en mi trabajo en Barter.

Barter era una empresa que en un inicio era pequeña, con menos de 30 personas en nómina, pero con muchas cosas en común: en su mayoría era gente joven, menor a 35 años, egresados de universidades privadas, de clase media y alta. Los objetivos de la compañía eran demandantes, pero el entorno laboral era muy agradable, muy similar a seguir en la universidad.

En mis comienzos como asistente le reportaba a Ricardo Sainz, el Instructor de Capacitación. Él y yo, junto con Jacqueline Flores (Reclutamiento) conformábamos el área de Recursos Humanos. Había mucho trabajo por hacer en mi área y lo primero que tenía que hacer era aprender, aprender y aprender. El método de intercambio comercial no era fácil de asimilar y el sistema donde se capturaba la información de los clientes también era difícil de entender. Ahí me di cuenta de que un gran defecto puede ser una gran cualidad. A mí me costaba trabajo aprender rápido y eso es una gran virtud si uno trabaja en capacitación, porque entonces uno debe diseñar un contenido y explicarlo de una manera más sencilla para que todos puedan entenderlo. Ricardo era exigente conmigo como jefe, pero me impulsaba a que trabajara, creara contenidos y aprendiera; eso me empezó a gustar.

A los pocos meses de mi ingreso ya dominaba el proceso de Inducción, el cual era largo y tedioso para cualquier nuevo joven que ingresara a la compañía. Barter comenzó a crecer en ingresos y su organigrama también. Ricardo primero me dio la oportunidad de participar en algunas etapas del proceso tedioso de Inducción; pero mi primer curso completo como instructor se dio cuando ingresó Bárbara Chaparro, la nueva Gerente de Recursos Humanos y quien sería jefa directa de Ricardo y de Jacqueline. A Bárbara le tocó sufrir mi inexperiencia como instructor, yo era muy intolerante y exigente, pero al mismo tiempo era muy proactivo y con mucho empuje.

Después de unas semanas contrató a otra persona más en Reclutamiento porque se necesitaba contratar y capacitar a muchas personas. Me inscribió en un curso externo de "Técnicas de Entrevista Basadas en Competencia", el cual me ayudó a desarrollar mis habilidades de observación, empatía, paciencia y escucha, claves en manejo de un buen instructor. En ese curso conocí a Adalberto Samaia, un consultor experimentado y talentoso, quien fue en realidad mi primer maestro en el ramo de la capacitación.

A las pocas semanas nos inscribió a Ricardo y a mí al curso de "Formación de Instructores", también impartido por Adalberto, que me ayudó a entender cómo elaborar un curso y cuáles son las diferentes formas de aprendizaje en las personas.

A las pocas semanas, Bárbara contrató a Adalberto para que rediseñara el Curso de Inducción. Me encargó acompañar a Adalberto en el proceso, lo cual debió de haber sido una pesadilla para él. En ese entonces, yo era un chavo inexperto, exigente y hacía críticas en cosas intrascendentes. Pero ese proceso me ayudó a desarrollar mi creatividad y a darme cuenta de que la capacitación no necesariamente tiene que ser tediosa, es más, puede ser divertida. Al final, el trabajo en conjunto hizo que se diseñara un nuevo curso divertido y sobre todo, reducía el proceso de Inducción de cuatro a sólo una semana; eso le ahorraba costos a la compañía y le generaba más productividad. Como resultado tuve mi primer ascenso y me volví instructor. Ricardo ya no sería mi jefe y ahora le reportaría directamente a Bárbara.

Para ese entonces, Barter seguía creciendo y se concertó una fusión con la empresa norteamericana BarterTrust, cuya sede estaba en San Francisco, California.

Para agosto del 2000 salió una convocatoria en la televisión de un concurso de talentos que organizaba Televisa, el "Draft de Voces" y en que el ganador de ese concurso asistiría a los Juegos Olímpicos en Sídney. Yo estaba muy contento en Barter, pero tenía el "gusanito" dentro de mí de la vocación como comentarista. Al principio no quería participar en el concurso porque estaba seguro de que no iba a ganar.

Mi familia y mis amigos me convencieron de entrar al concurso. Mi padre llevó una grabación de boxeo que había hecho con el "Furby" Luis Alberto Martínez (comentarista y amigo) en la Arena Coliseo cuando éramos alumnos en la Raúl del Campo.

Al mes me llamaron por teléfono y me dijeron que era uno de los quince finalistas entre los más de 600 competidores a nivel nacional. Me comentaron que tenía que presentarme en el Hotel Sheraton de Reforma. El 1 de septiembre del 2000 me presenté en la conferencia de prensa que presidía Javier Alarcón (el entonces Director de Televisa Deportes) y con gente de la XEQ, quienes transmitirían en vivo la final del concurso. Esa noche nos explicaron las reglas del concurso y conocí a los otros catorce colegas (nunca los vi como contrincantes), entre ellos, a Ricardo Díaz, quien ahora es un buen amigo mío. Alarcón nos dijo que participaríamos en el concurso con el deporte con el que metimos nuestra grabación, lo cual era un gran problema para mí porque yo no había practicado narración de box en dos años y no tenía ningún video en casa para practicar. Esa noche regresé de la cena y me puse a practicar con los ojos cerrados durante tres horas en el baño de casa de mis padres (para no despertarlos); desde las 12 de la noche a hasta las 3 de la mañana. Al día siguiente tenía que estar en el estudio de Televisa Deportes a las 7 de la mañana. Yo me propuse hacer las cosas bien sin ponerme nervioso, si alguien me ganaba estaba bien, sería mejor que yo y lo aceptaría.

Para las 12 del día, después de dos rondas de narración, quedábamos cinco finalistas y para las 2 de la tarde, como una sorpresa, pero con gran satisfacción, el jurado del concurso me había declarado ganador. Ahora, mi problema era avisar en Barter que tenía que viajar a Sídney, Australia.

Esa misma tarde tuve fiesta en mi casa, familiares y amigos se juntaron para celebrar. Yo en realidad estaba molido, había dormido tres horas la noche anterior y mi domingo iba a ser muy movido. El domingo 3 de diciembre aparecí por primera vez en televisión en el programa de "Más Deporte", donde conocí a Enrique "Perro" Bermúdez (un tipazo), y en la noche participé en el programa "En la Jugada" con Raúl Orvañanos y Javier Alarcón.

El lunes que llegué a Barter, ya todos mis compañeros sabían del concurso. Bárbara me dijo que me daba dos semanas de vacaciones y que ella sabía que iba a ganar (algo que ni yo mismo pensé que pasaría). Durante las siguientes dos semanas me di cuenta del impacto que tiene la televisión, personas que te buscan para sacarte algún provecho, asistir a lugares exclusivos y que te dejaran entrar sin ningún problema. Mi padre sabiamente me dijo que debía ser el mismo y que los medios te promocionan como un producto y ¿saben qué? Tenía razón.

Arribaría a Sídney ya iniciados los juegos porque la Embajada de Estados Unidos tardó en darme la visa y aunque viajaba a Australia, debía hacer escala en Los Ángeles. El domingo 24 de septiembre llegué a Sídney después de veintidós horas que habían pasado desde que ingresé al Aeropuerto Internacional de la Cuidad de México. Al día siguiente me registraron en el Centro de Prensa para acreditarme, ahí me encontré a Ana Guevara, quien curiosamente había calificado a la final de los 400 metros y cuyo resultado no supe por estar en vuelo. En esa época no había los celulares que hay ahora y el acceso a internet era más complicado. Fue la propia Ana quien me informó que había quedado en el quinto puesto (cuatro años después sería plata en Atenas).

Mi instancia en Sídney tuvo experiencias inolvidables, asistí a finales de Atletismo, Clavados, Tenis, Béisbol, Basquetbol, Tae Kwon Do y Fútbol. Me tocó ver a dos mexicanos recibir medalla. Mi agenda de trabajo era ir a eventos, al mediodía comer en el Centro de Prensa, grabar el programa de radio diario con Javier Alarcón y Anselmo Alonso de 4 a 6 de la tarde, y luego asistir a eventos hasta las 11 de la noche para regresar al hotel a descansar. Las personas en Australia fueron muy amigables, nobles y sinceras. Hay mucho orden y te hacen sentir muy bien. El trabajo era lo que yo había soñado desde niño, pero algo no andaba bien. Conforme pasaban los días extrañaba más mi trabajo en Barter y no me sentía satisfecho. Los días en Sídney me sirvieron para darme cuenta que mi verdadero trabajo estaba en el aula y no en el micrófono. Estar en unos Juegos Olímpicos y con la empresa de televisión más importante en México era un privilegio, sin embargo, aunque estás ante un micrófono y te escuchan millones de personas, en realidad, en ese momento, sólo interactúas con tus compañeros y el personal de producción. No voy a criticar la labor de un periodista y comentarista deportivo, pero me di cuenta de que mi trabajo debía de ser más humano, aprender, enseñar, desarrollar, crear y tomar decisiones y eso no iba a pasar como comentarista, al menos, por muchos años.

Regresé a México y cuando me aparecí en Barter todos pensaron que renunciaría. Sin embargo, partir de ahí, me involucré más con la compañía y en generarle más beneficios con mi trabajo.

Después de varias semanas, Javier Alarcón pidió hablar conmigo. La decisión desde antes de acudir a la reunión ya estaba tomada, le di las gracias y desde ese momento, mi carrera como comentarista deportivo había terminado.

Los 9 meses que llevaba en Barter y las 2 semanas que estuve en Sídney me abrieron los ojos para darme cuenta que yo había sido un "comentarista por convicción", pero en realidad era un "capacitador por vocación", siempre lo había sido, nada más no me había dado cuenta.

Finalistas "Draft de Voces"

Narración de Box

Juegos Olímpicos Sídney 2000
"Final de Tenis Masculino"

Programa de Radio
Con Javier Alarcón y Anselmo Alonso

CAPÍTULO 2
CONCEPTOS BÁSICOS DE CAPACITACIÓN

¿Para qué sirve un curso? Es la primera pregunta que debemos plantearnos antes de desarrollar un contenido y ofrecer un servicio de capacitación.

Muchas empresas ven a la capacitación como un gasto y no como una inversión y ¿por qué se piensa así? Porque en muchas ocasiones se elaboran y se imparten cursos sin analizar el objetivo de los mismos y los problemas que hay en las empresas. Cuando eso sucede, el curso no funciona y los altos mandos de la empresa deciden que no es necesario invertir tiempo, dinero y esfuerzo en capacitación. Eso no quiere decir que la capacitación no sirva, simplemente no se detectaron los motivos por los cuales se necesitaba un curso y eso hace que el objetivo final no se cumpla.

Para que la capacitación sea efectiva es necesario analizar y entender los siguientes conceptos básicos:
1. Elementos de la Capacitación.
2. Establecimiento de Objetivos.
3. Recopilación de la Información.
4. Diagnóstico de Necesidades de Capacitación.
5. Propuesta Técnica de Capacitación.
6. Actividades que se Hacen antes de un Curso

1. ELEMENTOS DE LA CAPACITACIÓN

Para que se pueda llevar a cabo un curso de capacitación es necesario que existan los siguientes elementos:

- **Objetivo:** Un curso siempre debe de tener una razón de ser y un objetivo que cubrir.

- **Problemática o situación actual**: Un curso servirá para cubrir necesidades, desarrollar habilidades y atacar problemas de una situación actual.

- **Información:** Todo curso que se imparte debe de transmitir información al participante. La información representa el cuerpo del curso.

- **Recursos:** Para organizar, desarrollar e impartir un curso es necesario tener recursos tanto materiales como económicos.

- **Gente a capacitar:** Un curso está dirigido a un número de participantes y estos son los que recibirán la capacitación.

- **Instructor:** Es el encargado de impartir el curso de capacitación.

2. ESTABLECIMIENTO DE OBJETIVOS

Un objetivo es una meta a corto o mediano plazo. Un objetivo de capacitación nos indicará el por qué necesitamos impartir un curso. Antes de desarrollar un curso es necesario que esté muy claro el objetivo de capacitación, tanto para quien imparta el curso, como para quienes lo reciben.

Los principales objetivos en cualquier curso de capacitación son:

1. Preparar al personal para la ejecución de las diversas tareas particulares de la organización.

2. Proporcionar oportunidades para el continuo desarrollo personal, no sólo en sus cargos actuales, sino también para otras funciones para las cuales la persona puede ser considerada.

3. Cambiar la actitud de las personas con varias finalidades, entre las cuales están crear un clima más satisfactorio entre los empleados, aumentar su motivación y hacerlos más receptivos a las técnicas de supervisión y gerencia.

El requerimiento mínimo para un curso de capacitación es que se conduzca la capacitación en forma regular, recurrente y rutinaria.

También se pueden solucionar problemas a través de la capacitación, o bien, establecer objetivos que tengan el propósito de alcanzar metas nunca antes logradas.

Desde el punto de vista de una organización, el principal objetivo de un curso (ya sea a corto o mediano plazo) es que el individuo que lo tome aumente su productividad.

Desde el punto de vista de un participante que toma un curso, el principal objetivo es que se informe, aprenda y se desarrolle.

Desde el punto de vista de un capacitador, el principal objetivo de un curso es que el participante que lo tome, cumpla los objetivos establecidos del curso y sobre todo que aplique lo aprendido en sus tareas diarias.

3. RECOPILACIÓN DE LA INFORMACIÓN

El contenido es fundamental para que haya un curso de calidad. Sin embargo es muy importante tener diferentes fuentes de donde conseguir la información.

De la información que se consigue, se elige lo que más se adapte al público al que irá dirigido el curso.

La información recabada se plasma en el manual de capacitación y al final del mismo se establece en la "bibliografía" de donde se extrajo la información.

¿De dónde se recopila información para impartir un curso? De varias fuentes como:

A. Libros

Los libros son una de las principales fuentes para obtener información que sirven para la elaboración de un manual. Es importante tener un equilibro cuando se investiga información a través de un libro. No se debe copiar de manera literal el contenido del mismo (aunque esto ahorre tiempo), ya que es un plagio y es una conducta inmoral e ilegal. Tampoco se debe basar el contenido en leer muchísimos libros y únicamente usar esta fuente como material exclusivo, ya que te tardarás demasiado tiempo en completar tu contenido y serás demasiado inefectivo en tu trabajo. Un curso debe tardar como máximo tres meses desde que su elaboración se aprobada y establecido su objetivo en estar terminado y listo para impartirse.

B. Periódicos y revistas

Los periódicos pueden ser útiles, ya que de ahí se pueden extraer artículos, datos o declaraciones textuales. La información que se obtiene de esta fuente es complementaria, no la principal.

C. Internet

El internet es una fuente muy importante, ya que puedes encontrar información muy específica y muy variada para complementar tu contenido de capacitación. De aquí puedes obtener información teórica, práctica, estadística, imágenes y gráficas. Lo que es muy importante es que valides la información que obtuviste y verifiques que esta información sea correcta. Desafortunadamente, por internet hay muchas páginas que tienen información errónea o falsa, por esta razón, hay que verificar siempre la autenticidad de la fuente.

D. Documentos internos de la empresa

De la empresa donde trabajamos podemos utilizar manuales, políticas, procedimientos y presentaciones que nos puedan servir para reforzar el contenido de nuestro curso, especialmente si el curso que vamos a impartir es técnico y enfocado a la operación interna de la empresa donde laboramos.

E. Encuestas

Podemos complementar nuestro contenido de capacitación haciendo cuestionarios y tests al personal, los resultados nos servirán para reforzar nuestra investigación. Es muy común hacer una encuesta para detectar necesidades de capacitación, a ésta le llamaremos DNC. En este capítulo la analizaremos a detalle.

F. Entrevistas

Podemos entrevistar a parte del personal interno de la empresa como directores, gerentes o personal operativo para que nos transmitan información específica de la operación, ya sea la que se hace de manera correcta o la que se hace de forma incorrecta. Esto nos ayudará para establecer los comportamientos deseables que se requieren capacitar.

G. Observación en Campo

Una observación en campo consiste en ver y analizar el trabajo de una persona en su puesto. Vamos a suponer que estamos desarrollando un curso de "Inducción al Puesto de un Ejecutivo de Cuenta en un Banco". En nuestra observación analizaremos ¿qué es lo que hace con los clientes?, ¿cómo los atiende? Tanto cara a cara, como de manera telefónica. De ahí tomaremos los comportamientos mejor efectuados, analizaremos las fallas y esto lo validaremos con el jefe o gerente del área para obtener las funciones y actividades deseables que transmitiremos durante el curso.

H. Reuniones

Las reuniones nos servirán para validar la información obtenida y hacerle correcciones y mejoras a nuestro contenido.

4. DIAGNÓSTICO DE NECESIDADES DE CAPACITACIÓN

Si trabajas dentro de una empresa, lo primero que tienes que hacer es un diagnóstico de necesidades de capacitación, mejor conocido en el medio como DNC.

¿Qué es un DNC?

Es el procedimiento a partir del cual se obtiene información necesaria para elaborar planes y programas de capacitación en las organizaciones para el fortalecimiento de conocimientos, habilidades o actitudes de los colaboradores.

¿Cuándo hacer un DNC?
Cuando hay:
- Problemas en la organización.
- Desviaciones en la productividad.
- Incumplimiento de metas.
- Cambios culturales, en políticas, métodos o técnicas.
- Baja o alta de personal.
- Alta rotación de personal.
- Reiterado ausentismo.
- Cambios de función o de puesto.
- Solicitudes del personal.
- Operación deficiente de máquinas y equipos de trabajo.

- Rechazo de productos.
- Procedimientos de trabajo inexistente.
- Bajo rendimiento del trabajador.

¿Cómo hacer un DNC?

Son cuatro las preguntas que debe permitir obtener el DNC:

- ¿Quiénes necesitan capacitación?
- ¿En qué necesitan capacitación?
- ¿Con qué nivel de profundidad?
- ¿Cuándo y en qué orden deben ser capacitados?

Los métodos para obtener la información son diversos, pero los más comunes son las entrevistas, los cuestionarios y los "Focus Group".

A. Entrevista

Se le hacen preguntas al entrevistado y el entrevistador toma nota y las graba, ya sea en audio o video. De esa entrevista sacará conclusiones.

B. Cuestionarios

Los cuestionarios normalmente se hacen por escrito o de manera electrónica, se suben a una plataforma para que el encuestado lo conteste. Los cuestionarios pueden tener preguntas abiertas, cerradas u opción múltiple.

C. Focus Group

Es una técnica para obtener datos cualitativos necesarios para una investigación. Esta información se logra reuniendo a un pequeño grupo entre seis y doce personas con el fin de presentar sus opiniones, gustos y preferencias en torno a un producto, un servicio, una idea, una publicidad, un contenido o un curso.

5. PROPUESTA TÉCNICA DE CAPACITACIÓN

Para impartir un curso, primero es necesario presentar una propuesta técnica al área de Recursos Humanos para su previa autorización.

Si laboras en una consultoría externa, esta propuesta se la presentarás a tu cliente, Si trabajas dentro de una empresa que requiere capacitación interna, la presentarás, ya sea al responsable del área de capacitación o Recursos Humanos y si la empresa es pequeña, al Director General.

¿Qué debe incluir una propuesta técnica de capacitación?

• **Antecedentes:** Se refiere a una breve descripción de la empresa o área a investigar, en la que se hace mención a la problemática actual por la que es necesario impartir un curso.

- **Objetivo de capacitación:** La meta a alcanzar al término de un curso.

- **Temario:** Es la estructura del curso. Se refiere a los principales capítulos, temas y subtemas que abarcará el contenido del curso.

- **Condiciones generales:** Se refiere a las políticas, normas y reglas que se deben seguir para poder impartir el curso y cumplir los objetivos establecidos.

- **Inversión:** Es la cantidad de dinero que se invertirá para llevar a cabo la sesión. Esto abarca el dinero gastado en materiales, logística, viáticos, etc.

- **Logística:** Se refiere a todas las actividades y los procesos previos para llevar a cabo un curso de capacitación.

Se recomienda presentar esta propuesta en una presentación de Power Point y acompañarla de ilustraciones o fotografías para hacerla más amigable a la vista.

Más adelante en este mismo libro veremos la manera en que se diseña y elabora una presentación.

6. ACTIVIDADES ANTES DE UN CURSO

Hasta ahora ya identificados qué se necesita para dar un curso, su objetivo, de dónde recopilamos información, cómo hacer un DNC y una propuesta técnica, pero falta algo muy importante... La autorización de que nuestra propuesta de curso fue aprobada.

Si no recibimos la autorización, el curso no se podrá llevar a cabo.

¿Qué se hace una vez autorizado el curso?

• Calendarizar actividades de capacitación.
• Elaborar un manual.
• Elaborar una presentación.
• Elaborar un *checklist* de materiales.

Más adelante, en otro capítulo, explicaremos a detalle cada una de estas cuatro etapas que nos servirán para preparar y desarrollar el curso.

CAPÍTULO 3
RELATO
"DE LA CIMA AL PRECIPICIO"

Después de haberme retirado como comentarista, las cosas siguieron mejorando día a día. Barter empezó a tener un crecimiento acelerado, con la fusión de BarterTrust llegamos a crecer exponencialmente.

Cuando inicié éramos menos de 20 personas y sólo trabajábamos en la mitad de un piso de un edificio ubicado junto a Periférico Sur, en la Ciudad de México. Meses después de la fusión teníamos dos pisos completos y éramos más de 100 personas las que trabajábamos ahí. El área de Recursos Humanos contrató a dos personas más en Reclutamiento, por lo que en el área éramos seis personas. Enrique Enciso pasó a ser presidente de Latinoamérica y contrató a Alejandro Mariani, un nuevo Gerente Administrativo que meses más tarde sería el nuevo Director General. También se fortaleció la compañía con la contratación de Ricardo Kawagi, como Director Comercial. En el plano internacional se contrató a un nuevo CEO, un inglés muy joven con nuevas ideas. Además, se abrió una oficina en Sao Paulo, Brasil, la cual dependía de la oficina en México.

Sin embargo. no todo fue miel sobre hojuelas, ya que Bárbara Chaparro, mi jefa directa, salió de la compañía por diferencias con Enrique. Eso conllevó que a Jaqueline la nombraran Gerente de Reclutamiento y a mí, Gerente de Capacitación. Lo curioso es que cuando yo inicié le reportaba a Ricardo Sainz y ahora él me reportaría a mí. Esto debió haber sido una situación muy difícil para él y al poco tiempo renunció.

Con mi nueva responsabilidad de Gerente de Capacitación y el crecimiento de la empresa debía hacer cambios importantes. Ya para ese entonces le reportaba directamente al Director General, Alejandro Mariani, pero gran parte de mi trabajo y desarrollo laboral se debió a Alicia Enciso, quien seguía en la compañía como asesora. Ella me enseñó a trabajar por objetivos, situación que sigo haciendo hasta el día de hoy.

Lo primero que se hizo y que no se tenía, fue establecer los objetivos del área de Recursos Humanos y de Capacitación. Mejoramos el programa de Inducción, el cual tenía una presentación teórica del sistema de intercambio, un método práctico para aprender de la plataforma y luego, un sistema de entrenamiento de una semana para que el personal de ventas pudiera ser efectivo desde su ingreso en un periodo de dos semanas.

Toda la capacitación se tradujo al inglés para que se utilizara en otras oficinas de Barter Trust y también al portugués para la oficina de Sao Paulo. Gracias a esto comencé a dar mis primeros cursos en otro idioma distinto al español.

En esos meses aprendí a hacer un "Diagnóstico de Necesidades de Capacitación" (DNC) para empezar a elaborar un programa de Desarrollo Organizacional con el personal de la institución. Aprendí a trabajar por competencias y a planear cursos con base en éstas.

Pero mi trabajo no sólo se centró en la parte de capacitación, sino que también empecé a aprender diversas labores de RH como: Reclutamiento, Grafología, Administración de Personal, Clima Laboral y Descripción de Puestos. Poco a poco, con el pasar de los meses, Jaqueline y yo abarcamos todas las funciones del área de Recursos Humanos.

Cuando una empresa crece, tiene más ingresos, pero también surgen más problemas y uno de los más comunes es el de la comunicación. Por primera vez desde que había terminado la carrera (fuera de mi labor como comentarista), tenía la oportunidad de implementar conceptos y acciones de comunicación interna. Para ello se creó un tablero de comunicación para informar de las principales noticias del medio. Se contaba con un comedor amplio en la planta baja, el cual tenía mesas de ping pong y futbolito. Se hacían convivios cada dos meses con todos los empleados de la oficina y éstos se pagaban con un fondo que se juntaba con los empleados impuntuales. En pocas palabras, todo iba muy bien, no podía estar más contento de mi estancia en BarterTrust.

Sin embargo, casi todo lo que sube rápido, tiende a bajar rápido y BarterTrust no fue la excepción.

La compañía a nivel internacional empezó a gastar más dinero del que generaba. Cambiar la sede de San Francisco a Londres (donde vivía el CEO), utilizar una plataforma tecnológica nueva para todos los clientes hizo que se gastaran muchos millones de dólares. Tiempo después, varias oficinas cerraron y la oficina de México tenía el problema de que era la subsidiaria de la de Sao Paulo.

Enrique y Alicia Enciso salieron de la compañía y con ellos poco a poco, el personal de la oficina de México se fue debilitando. Ahora, la oficina era dirigida por Alejandro Mariani y Ricardo Kawagi, cuya relación laboral con ambos fue excelente. Sin embargo, poco a poco empezaron los despidos por problemas económicos, lo que generó miedo y desmotivación en el personal. Se hizo una encuesta de Clima Laboral, se actualizaron y se pusieron en orden todos los contratos del personal. Eso dejó a la gente un poco más tranquila, pero no ayudó a evitar los problemas económicos por los que pasaba la empresa.

Todos los proyectos de capacitación estaban detenidos. Para el 2002 en vez de 100, había poco menos de 20 personas trabajando. La oficina de México se había separado de BarterTrust International y la oficina Sao Paulo cerró. En Recursos Humanos solo estábamos Jaqueline y yo. Afortunadamente, a mí no me tocó hacer efectivos los despidos, situación que era complicada de manejar.

Finalmente, en febrero de 2002 y por mutuo acuerdo, decidimos ambas partes poner fin a la relación laboral con BarterTrust. La salida fue en muy buenos términos y quedó un lazo de cordialidad con Ricardo y con Alejandro.

Jaqueline, hoy en día, sigue siendo una gran amiga y fue mi compañera en estos meses complicados. A Enrique y Alicia Enciso los vi un par de veces, también con mucho cariño y agradecimiento.

BarterTrust para mí fue una gran escuela, mi primer trabajo en capacitación que me dio satisfacciones y mis primeros golpes. Pero fue mucho más lo positivo que lo negativo. Para ese entonces empezaba mi desarrollo profesional en la parte de capacitación, pero me faltaba muchísimo por aprender y ejecutar.

Después de mi salida empecé a buscar de nuevo empleo, no iba a regresar al micrófono, así que fui a muchas entrevistas para un trabajo, ya fuera como instructor o Gerente de Capacitación. Como resultado me fue mal, ya que no me contrataban. Yo, erróneamente pedía mucho más de lo que ganaba en Barter y siendo sincero, nunca había trabajado en corporativo grande ni tenía la experiencia que yo pensaba que tenía.

Conforme pasaban los meses me era más complicado encontrar trabajo, mientras más tiempo tienes sin trabajar el entorno laboral te ve como una persona no deseada y poco atractiva para ser contratada.

Durante esos meses desempleado tuve algunas intervenciones como instructor freelance. Un freelance es alguien que no trabaja de fijo en una empresa, sino que colabora para varias y lo hace por proyecto. Puede cobrar bien, pero no tiene las prestaciones y los beneficios que se tienen en una empresa.

Primero trabajé en Desarrollo Organizacional México a través de mi hermana Roxana, quien trabajaba ahí y me contactó con el Director General, José Luis Pinheiro. Ahí experimenté por primera vez trabajar en eventos de integración y conocí el aprendizaje por medio de dinámicas.

Bárbara Chaparro ya laboraba como Subdirectora de Recursos Humanos en una empresa hipotecaria. Me llamó y le ayudé a su Gerente de Capacitación a desarrollar un juego de maratón (preguntas y respuestas) para mejorar la capacitación. Coticé el proyecto y me fue aceptado, sin embargo, debido a mi inexperiencia, nunca tomé en cuenta que cuando se desarrolla un producto, se tienen reuniones y correcciones frecuentes. Finalmente, trabajé el triple de horas de lo que calculaba trabajar y el producto quedó bien, pero no del completo agrado de Bárbara y su Gerente de Capacitación.

Pasaron varios meses más y no conseguía trabajo, cada vez me sentía más angustiado y desesperado. Tuve que vender mi automóvil para seguir subsistiendo unos meses más.

Ya no estaba buscando un empleo en el que ganara más que el anterior, buscaba un empleo para ganar lo mismo o menos que el anterior. Mis pretensiones económicas bajaron a causa de mi necesidad, lo que me urgía era un empleo. Además, cuando vas a entrevistas, si eso lo notan, las empresas te ofrecen menos o no te contratan.

Mi situación económica me generó fricciones y problemas con mis padres y decidí irme lejos. Me fui a Cancún con un amigo a probar suerte. Mi estancia por allá no fue placentera, tenía mucha presión de concretar algo rápido, lo que hacía que me estresara y durmiera muy poco.

Al mes de mi aventura por Cancún, me llamó por teléfono una excompañera de Barter. Ella trabajaba en una Afore y había una vacante en el área de capacitación. Regresé a la Cuidad de México y en menos de una semana acepté la oferta como Analista de Capacitación. Ganaría un poco menos que en Barter, pero mis problemas económicos a mediano plazo desaparecerían. Dicha Afore era una empresa grande e importante, en la que podría tener un crecimiento laboral y más aprendizaje que en mi experiencia anterior.

Después de estar 2 años antes en la cima en Barter, luego caer al precipicio con mi periodo de desempleo y problemas económicos, todo parecía indicar que vendrían tiempos mejores y de grandes satisfacciones.

"Bueno, al menos eso era lo que creía".

Comida de Fin Año
de Barter con
Alicia Enciso

Comida de Fin Año
de Barter con
Bárbara Chaparro

Comida de Fin Año de Barter con
Jaqueline Flores y Mónica Jiménez

Convención de BarterTrust
en Taxco con Ricardo Kawagi

CAPÍTULO 4
LA PLANEACIÓN DE UN CURSO

Una vez autorizado, ya sea por el área de Capacitación o de Recursos Humanos, comienza el periodo de planeación de un curso. Muchas personas que han tomado uno piensan que el instructor explica láminas y no hay un trabajo previo antes de la impartición del mismo. En realidad, es todo lo contrario. Impartir un curso lleva muchas horas de preparación y planeación previas. Mientras más improvisado sea el trabajo, más fallas y más deficiente será. Un curso nuevo, bien planeado, al menos debe de tomar cinco veces la duración del mismo para elaborarlo y planearlo. Por ejemplo, un cuso de ocho horas debe tomar al menos una semana completa para su elaboración, planeación y preparación.

Planear un curso implica tomar en cuenta muchos factores, tales como: objetivo, temario, inversión, recursos (materiales, cantidad de participantes, lugar) y actividades de logística.

La planeación de un curso implica tomar en cuenta lo siguiente:
1. Calendarizar actividades.
2. Elaborar un manual de capacitación.
3. Elaborar la presentación de un curso.
4. Elaborar *checklist* de materiales.
5. Enviar convocatoria.

1. CALENDARIZAR ACTIVIDADES

Programar un curso requiere de muchas actividades previas a su impartición. Es por ello que es recomendable realizar lo siguiente:

A. Enumerar todas las actividades necesarias a realizar antes de impartir el curso. Veamos a continuación algunas de las actividades que se requieren hacer para planear un curso ya autorizado:

- Establecer fecha de impartición del curso.

- Elaborar un manual del participante.

- Elaborar una presentación del curso.

- Elaborar ejercicios y dinámicas del curso (si éste lo requiere).

- Elaborar exámenes (si el curso lo requiere).

- Elaborar un *checklist* de materiales.

- Mandar la convocatoria e invitaciones al curso.

- Ver el espacio donde se va a dar la capacitación.

- Conseguir el proyector y la pantalla donde se va a proyectar el curso.

- Conseguir *coffee break* del curso.

- Capacitar a las personas que apoyarán en la capacitación y el entrenamiento (si el curso lo requiere, puede ser que el mismo que elaboró el curso sea el único instructor).

- Conseguir todo el material que requiera el curso.

- Montar la sala o el espacio donde se dará la capacitación.

B. Posteriormente hay que ir colocando estas actividades dentro de un calendario estableciendo fecha y hora de aplicación de cada una de ellas.

Un calendario de actividades es muy útil, sobre todo si varias personas están involucradas en el proceso. En una corporación grande, donde hay varias personas en el área de capacitación, este calendario de actividades puede estar repartido entre varias personas y cada una de éstas puede estar haciendo actividades distintas al mismo tiempo.

2. ELABORAR UN MANUAL DE CAPACITACIÓN

Un manual es un documento específico que contiene toda la información detallada con referencia a un curso. El objetivo de elaborar un manual es que después de haberse impartido un curso, el participante tenga la información específica y detallada para consultar información o resolver dudas. El manual no es para que el participante durante un curso lo consulte, sino debe de ser un material de consulta para después de éste.

A. Características

Un manual debe de tener dos características fundamentales:

- Que sea claro y entendible al momento de leer.

- Que la información que se busca se encuentre rápida y fácilmente.

B. Diseño

- Se recomienda que un manual tenga el logotipo de la empresa.

- Si el curso tiene un logo o eslogan se recomienda usarlo.

- Que tenga una portada general y una portada por cada título del curso.

- Un encabezado al inicio de cada página (se puede usar el color de la empresa).

- Se puede usar un marco en cuyo interior se escribirá el contenido del curso.

- Usar ilustraciones sólo en las portadas.

- Se pueden incluir diagramas, gráficas y cuadros en las páginas interiores.

- Usar letra legible (Helvética, Arial o Times New Roman) color negro a 12 puntos.

- Utilizar un interlineado de 1.5 espacios para facilitar la lectura del documento.

- Poner de manera visible en las esquinas todas las páginas del documento.

C. Estructura

Un manual de capacitación debe de tener la siguiente estructura:

a. Índice

Es la referencia que nos sirve para poder encontrar de manera fácil y rápida en qué página encontrar un tema o subtema específicos vistos durante la sesión.

b. Objetivos:

Son los objetivos del curso. Puede haber un objetivo general y varios objetivos específicos.

*   El objetivo general es el que se busca alcanzar al final de la capacitación.
*   Los objetivos específicos son los que abarcan cada uno de los temas que se verán en la capacitación.

c. Contenido temático:

Son los temas y subtemas que abarcan la capacitación. Es el cuerpo del manual y la base de todo el curso.

d. Conclusiones o recomendaciones:

Es el cierre del manual donde se señala un resumen de lo visto en el manual y lo que se debe de aplicar en el día a día laboral.

e. Bibliografía o participantes en el manual:

Los libros de apoyo que se usaron para el manual o los participantes que lo elaboraron.

Anteriormente era muy común hacer dos manuales: uno para el participante y el otro para el instructor. El manual para el instructor, además del contenido del curso y las secciones antes mencionadas, tenía una serie de instrucciones de cómo impartir cada tema y si había dinámicas o ejercicios, cómo llevarlos a cabo.

Actualmente no es necesario elaborar un manual del instructor, ya que si días antes de impartir el curso se da una "Formación Interna" (sesión de entrenamiento a los que impartirán el curso), los instructores estarán perfectamente preparados para dar el curso. Una formación interna cara a cara es más precisa y siempre tomará menos tiempo que elaborar un Manual del Instructor.

3. ELABORAR LA PRESENTACIÓN DE UN CURSO

La presentación de un curso es un documento electrónico que sirve como apoyo al instructor para impartir un curso. El objetivo de una presentación es brindar apoyo al instructor y a los participantes. Al instructor para exponer sus temas y a los participantes para entender mejor lo expuesto por el instructor.

Una presentación debe de ser siempre amigable y sobre todo gráfica, para que le sea atractiva al participante. Se elabora a partir del Manual del Participante, debe de ser un resumen del mismo, pero también debe tener láminas de apoyo para el instructor, mismas que no están en el manual. Láminas como:

- Presentación de los participantes.
- Reglas del curso.
- Horarios y agenda del curso.
- Instrucciones de ejercicios o dinámicas.
- Reflexiones (en caso de ser requerirlas).
- Señalamientos de recesos.
- Lámina de cierre.

A. Diseño

- Se recomienda que un manual tenga el logotipo de la empresa.

- Que tenga una portada general y una portada por cada título del curso.

- Un encabezado al inicio de cada página (se puede usar el color de la empresa).

- Usar ilustraciones o fotografías en las láminas.

- Se pueden incluir diagramas, gráficas y cuadros en las páginas interiores.

- Usar letra (Helvética, Arial o Times New Roman) color oscuro de 24 a 20 puntos.

- Fondo claro (blanco o cualquier color en tono muy tenue y claro).

B. Estructura

Una presentación de capacitación debe tener la siguiente estructura:

a. Presentación

Contiene los puntos que el instructor quiere recalcar durante la presentación del curso.

b. Reglas de la Sesión

Sirven para que el instructor tenga un mayor control del grupo.

c. Objetivos:

Son los objetivos generales y específicos del curso. Los generales es lo que se busca alcanzar al final del curso, los específicos son los que contiene cada tema del curso.

d.   Contenido Temático:

Son los temas y subtemas que abarcan la capacitación. Es el cuerpo del manual, la base de todo el curso.

e.   Dinámicas y Ejercicios:

Las dinámicas y los ejercicios hacen más divertida la sesión y además, sirven para medir comportamientos, habilidades, competencias y conocimiento sobre lo aprendido.

f.   Recesos:

Le ayuda al instructor saber cuándo son los descansos por *coffee break*, la hora de comida o si el curso continúa al día siguiente.

g.   Conclusiones o Recomendaciones:

Es el cierre del curso donde se señala un resumen de lo visto y lo que se debe de aplicar en el día a día laboral.

Una presentación debe de tener un aspecto visual impecable, ya que es la cara del instructor ante su audiencia. Es muy importante revisar que la presentación no contenga errores ni faltas de ortografía. Tampoco hay que saturar de texto la presentación, ya que después de un tiempo cansa la vista del participante y puede generar falta de atención.

4. ELABORAR CHECKLIST DE MATERIALES

Es una lista de todo el material necesario que se debe tener para poder impartir un curso. Es importante tener siempre un formato de *checklist* a la mano antes de impartir un curso.

Para este *checklist* es recomendable usar el programa Microsoft Excel, ya que nos divide en columnas el listado de lo que necesitamos tener para un curso.

Algunos de los materiales principales que se utilizan en cualquier curso de capacitación son:

- Proyector
- Pantalla o pared blanca plana
- Computadora o laptop
- Extensión eléctrica
- Multicontacto
- Etiquetas blancas
- Plumones
- Hojas de rotafolio o pizarrón
- Plumas
- Hojas blancas
- Lista de Asistencia
- Manual del Participante
- Evaluaciones del Curso

A continuación ser presenta un ejemplo de un *checklist* para un curso:

Fecha de solicitud del material:	**18-abr**
Fecha de impartición del curso:	**23-abr**
Número de participantes: aprox.	**5**
Fecha de entrega de material:	**19-abr**

Nombre del curso:	Formación de Instructores	
Persona responsable de material:	JS	
Lugar en donde se impartirá el curso:	Sucursal	

Material para Participantes	
Cantidad	Descripción de Material
1	Listas de Asistencia
1	Guias del Participante
1	Checklist de Recomendaciones

MATERIAL EXTRA	
Cantidad	Descripción de Material
2	Cutters
10	Etiquetas blancas presentación
7	Evaluaciones
20	Hojas de Rotafolios
50	Hojas Blancas
8	marcadores de diferentes colores
1	Presentación del Curso
7	CD
7	Plumas
3	Plumones Pizarrón Blanco
1	Proyector
1	Cable corriente proyector
1	Cables VGA
1	maleta

5. ENVIAR CONVOCATORIA

La asistencia a un curso puede ser voluntaria u obligatoria. Para ambos casos hay que hacer una convocatoria con al menos una semana de anticipación para que los participantes puedan organizar su tiempo y generarse un espacio en su agenda para la fecha del curso establecido. Esta convocatoria se hace vía correo electrónico.

Una convocatoria debe contener todos los elementos informativos necesarios. El uso de estas plantillas nos permite ahorrar tiempo al seguir un guion y no tener que actuar de memoria, además, nos asegura que no vamos a olvidar en la convocatoria ninguna información necesaria.

- En primer lugar de la convocatoria se indica quiénes son los convocados al curso y se copia a sus jefes directos.

- En segundo lugar, colocamos la fecha en la que se va a celebrar el curso para que se reserve en la agenda de los convocados.

- A continuación pondremos la hora de comienzo y la hora prevista de finalización.

- Seguidamente ponemos el lugar donde se va a celebrar.

- Finalmente pondremos los objetivos del curso y el temario.

Es muy importante que 24 horas después de haberse enviado el correo se confirme si los participantes recibieron la convocatoria y determinar a los que asistirán.

Esto nos servirá para saber la cantidad de material que se tiene que conseguir y la cantidad de hojas que se deben reproducir como material de apoyo.

Cuando el curso es abierto al público en general y es externo a la empresa donde trabajamos, la invitación al curso se hace por medio de una página de internet cuya promoción de la misma se hace a través de distintos medios y en redes digitales.

Adquiere este libro por...

Ya sea en versión Kindle o en formato de Pasta Blanda

Joselo Arizaleta

También lo puedes adquirir en idioma inglés.

www.amazon.com.mx

CAPÍTULO 5
RELATO
"MI PASO POR EL MEDIO FINANCIERO"

En 2003 ingresé a una prestigiada Afore con la ilusión de desarrollarme y crecer en una empresa grande.

Para los que no lo saben, una Afore (Administradora de Fondos para el Retiro) es una institución financiera privada que se encarga de administrar los fondos para el retiro de los trabajadores afiliados al IMSS y al ISSTE. Esto lo hace a través de cuentas personales que asigna a cada trabajador, en las que se depositan las aportaciones hechas a lo largo de su vida laboral.

La primera semana fue de capacitación, el primer día con un curso de inducción y los demás días tomando un curso que se les imparte a los promotores para conocer las leyes del IMSS, ISSTE y todo lo que rige a las Afores. Esa fue la única semana buena que tuve en ese lugar.

A partir de ahí, las cosas fueron muy difíciles. Para empezar mi jefe, la Gerente de Capacitación era más joven que yo y cuando se dio cuenta de mi proactividad y liderazgo, considero que se sintió amenazada y su postura conmigo cambió. Mi trabajo como analista era completamente numérico, estadístico, había que revisar documentos, calificar exámenes y capturar información en un sistema. El trabajo era mucho y muy repetitivo. Para mí empezó a ser complicado trabajar porque en Barter había hecho cosas mucho más importantes que lo que estaba haciendo en esta Afore.

En la organización había muchas personas, tan sólo en Recursos Humanos había más de 50 personas. Se percibía mucha desorganización y problemas de comunicación entre todos.

En el área de capacitación había otra analista, pero a ella le daban poco trabajo y a mí me cargaban la mano. Cuando hacía una propuesta de trabajo, mi jefa la presentaba a la dirección de Recursos Humanos como idea suya, por tanto mi trabajo no tenía ningún crédito.

Poco a poco empecé a tener diferencias y discusiones de manera más frecuente con mi jefa. Parte también era mi culpa, yo no me consideraba en ese entonces una monedita de oro y mi carácter era fuerte y a veces, explosivo.

Cada día que pasaba quería salir de ahí, pero no quería volver a vivir otra vez la etapa de desempleo.

Más adelante solicité hacer una Investigación en Campo para ver cómo trabajaban los promotores, las asistentes y sus Gerentes de Sucursal, esto con el fin de crear una capacitación específica orientada al puesto.

Después de esa investigación me di cuenta de una triste realidad: en una sucursal había más de 30 promotores y sólo el gerente y la asistente tenían las herramientas adecuadas para trabajar. Había una computadora y un teléfono para todos los promotores, nadie les daba apoyo en nada. Los promotores ganaban salario mínimo y solo ganarían por sus comisiones. Desafortunadamente, en menos de tres meses, más del 80% de los promotores renunciaban.

En reuniones siempre escuchaba al Director de Recursos Humanos comentar que había que contratar más personal y que el que se contrataba no era suficiente. Para que nos demos una idea, esta Afore contrataba alrededor de 300 personas nuevas en un mes. Y al mes se iban, por lo menos, la mitad. Así pasaba todos los meses. Yo le comenté esto a mi jefa y a la Subdirectora de Recursos Humanos, que eso debía cambiar y que debíamos enfocarnos en desarrollar a la gente y retenerla, para que no se produjeran más renuncias.

Analizando a detalle el Manual del Curso a Promotores entendí todo. Según la ley que se regía en ese momento, cualquier persona podía cambiarse de Afore cuando quisiera, pero una vez que ingresaba a una nueva Afore, no podría cambiarse hasta después de un año. A todo el personal que contrataba la Afore como promotor se le pedía un único requisito, que al ingresar se inscribieran en esa Afore; con esto se aseguraban los recursos de cada empleado al menos un año.

Entonces puedo decirles que el reclutamiento era un engaño, en realidad era una venta disfrazada de reclutamiento, con promesas falsas, ya que a esta Afore no le interesaba retener ni desarrollar a sus promotores, solo quedarse y administrar su fondo para el retiro.

Yo en verdad me sentía avergonzado y enojado, estaba adentro de una pesadilla y no quería ser parte de una empresa que trabajara y tratara así a las personas.

Fue así como surgió un milagro, Bárbara Chaparro me llamó para ofrecerme el puesto de instructor en una hipotecaria. Fui a dos entrevistas y finamente me aceptaron. Regresé a la Afore y presenté mi renuncia, la cual fue aceptada, aunque no se me dio mi finiquito en ese momento. Fue hasta un mes después y con amenaza de una demanda laboral cuando me dieron el cheque que cubría mi finiquito. La pesadilla de mi estancia en esta Afore se me había hecho eterna, solo duró tres meses, pero, finalmente, había terminado.

En noviembre de 2003 ingresé a Hipotecaria Nacional, una empresa sólida, estable y honesta. Una hipotecaria es una institución financiera que se dedica a otorgar créditos a personas para la compra de un terreno o una casa. En esa época, los bancos todavía no estaban metidos en el ramo hipotecario, por lo que Hipotecaria Nacional era una de las dos empresas más grandes de su ramo en México.

Bárbara me introdujo con la que sería mi jefa, Gloria Gómez Palacio. A ella y a Oscar Ávila les tengo un gran aprecio, ya que me dieron la libertad de aterrizar mis ideas, pero sobre todo, les aprendí mucho en cuanto a liderazgo y estrategia.

En Hipotecaria Nacional se necesitaban desarrollar muchas cosas y afortunadamente, la mayor parte del tiempo siempre tuve luz verde para hacerlo con su supervisión y una buena comunicación.

Lo maravilloso del mundo de la capacitación es que para enseñar, primero hay que aprender y eso fue lo que hice durante los siguientes tres meses. Conocer primero a detalle cómo funciona una hipotecaría, cómo es el proceso para un préstamo hipotecario, cuáles son las áreas clave que intervienen en el proceso, cómo funciona una sucursal.

En Recursos Humanos había mucha unión y eso fue gracias a Bárbara Chaparro, que promovía la convivencia en el área. Desafortunadamente sólo estuvo dos meses más después de mi ingreso, pero parte de su trabajo integrador entre las áreas de Recursos Humanos, se quedó independientemente del nuevo director que entró meses después.

En todo este proceso conocí a Mary Rodríguez, una persona que había laborado en sucursales. Ella era una de las más antiguas en la empresa, pero muy proactiva y carismática.

Con todo lo que aprendí de Mary pude empezar a estructurar cursos especializados a diferentes puestos. Primero se hizo una "Inducción General" y luego se empezaron a dar cursos más especializados a distintas áreas, como Jurídico, Sucursales, Administrativo y Recursos Humanos.

Parte de los cursos yo los desarrollé, la otra parte, los expertos del área correspondiente. El área de Capacitación contaba con siete personas, incluyéndome a mí. Había una subdirectora (Gloria), un gerente, (Oscar), dos instructoras, una coordinadora y yo como otro instructor más. La verdad no era fácil y no siempre trabajábamos bien en equipo; empezando por mí, así como desarrollé muchas cosas, fui muy competitivo y no ayudaba a trabajar en equipo. Mi actitud competitiva frenaba el trabajo de los demás. Años después cambiaría mi visión completamente.

Algo muy satisfactorio en Hipotecaria Nacional fue que pude aterrizar cursos y desarrollar programas. Mejoré sustancialmente la manera de impartir cursos y aprendí a leer mejor a los grupos. Comencé a experimentar los primeros cursos por *e-learning*.

También aprendí a negociar con otras áreas en reuniones para brindar capacitación para que ambas partes salieran beneficiadas, eso se lo debo a Oscar, quien era muy bueno para ello.

En esa época había mucha comunicación por correo electrónico, pero no existía una página de intranet, además, nuestra área se encontraba en otro edificio a varias cuadras del corporativo, por lo que nuestro trabajo si no tenía mucho impacto no era percibido como queríamos por las demás áreas. Por esa razón decidí promover las actividades del área de capacitación en todos los Tableros de Comunicación del edificio principal del corporativo, lo cual hacíamos de manera mensual.

En Capacitación siempre tuvimos mucho trabajo por hacer, había personal suficiente para sacarlo adelante. Desafortunadamente no se impartía la cantidad de cursos que las otras áreas necesitaban. Como un mensaje a los lectores, créanme que es muy importante aprender. En el negocio de la capacitación el que tiene éxito es el que aprende, pero el que aprende continuamente. Muchas veces nos centramos en los problemas del área, las reuniones, las opiniones, pero si uno no aprende la operación de la empresa en la que trabaja y se actualiza, no puede aportar lo necesario. Cierto que eso requiere tiempo y puede frenar nuestras demás labores, pero al final, ese aprendizaje aplicado al trabajo diario genera mucho mayor impacto al trabajo individual, al del área y al de la organización.

En ocasiones a nuestra área y a Recursos Humanos nos veían como el "patito feo" de la organización, pero estoy seguro que aprendiendo más y aportando más a la operación, esa parte hubiera cambiado.

Durante 2004 entró a trabajar con nosotros un nuevo Gerente de Capacitación, Antonio Mendoza, el cual se involucró más en la operación y fue un gran apoyo a mi trabajo. Debo reconocer que me generó mucha desmotivación su ingreso, ya que yo aspiraba a ese puesto, pero Gloria estaba en lo correcto, yo no estaba lo suficientemente maduro para ejercerlo correctamente. Años después me daría cuenta de esto.

A finales de 2004 se nos dio la noticia que BBVA Bancomer había comprado Hipotecaria Nacional, lo que generó mucha incertidumbre e inseguridad en todos nosotros. Poco a poco empezaron los cambios en la estructura organizacional y me di cuenta que si no hacía algo, si no me movía, pronto me iba a quedar sin empleo. Una cosa es segura, no iba a haber dos áreas de Recursos Humanos en Bancomer y lo lógico era que el área de Recursos Humanos de Hipotecaria Nacional iba a desaparecer o por lo menos, muchos del área ya no tendrían cabida en la organización.

Hipotecaria Nacional en lo laboral me enseñó a desarrollar programas (algo que en Barter no tuve ni el tiempo ni el presupuesto para hacer), impactar en la capacitación de muchas más personas, aprender a negociar y obtener información de otras áreas. Pero también me faltaba mucho por hacer y madurar: templar mi carácter, aprender a trabajar en equipo, dirigir personas y sacar lo mejor de otros.

En lo personal, esta institución también me dio amistades que valoro. Por muchos años seguí en contacto con Oscar y Gloria, además, ahora conservo dos grandes amigas en Sandra Alegría (Analista de Capacitación) y Adriana Trenado (Gerente de Compensaciones).

Para ese entonces fui a varias entrevistas y hubo una consultoría que me llamó mucho la atención, combinaba el deporte y la formación en capacitación. La propuesta económica y el puesto eran muy atractivos.

Era momento de un cambio, Hipotecaria había sido una gran experiencia, pero mi momento ya no estaba ahí. Estaba a punto de tomar una decisión que cambiaría mi vida para siempre.

Entrega de Reconocimientos en Hipotecaria Nacional

Víctor Manuel Requejo
el Fundador de Hipotecaria Nacional

Edificio del Corporativo de Hipotecaria Nacional, antes de ser adquirido por BBVA Bancomer

Sucursal de Hipotecaria Nacional después de la adquisición de BBVA Bancomer

CAPÍTULO 6
El APRENDIZAJE

Desde el momento en que un ser humano nace, comienza a aprender. Es una habilidad natural, innata y evolutiva de la raza humana. Desde que somos bebés aprendemos a identificar olores, reconocer a nuestros padres, saber lo que nos gusta y lo que no. Posteriormente, aprendemos a caminar y luego a hablar. Todo este proceso continúa a lo largo de nuestras vidas. Sin embargo, con el paso de los años, la voluntad de aprender no se mantiene igual en todos y poco a poco esta habilidad va disminuyendo, pero nunca deja de estar.

El ser humano sólo utiliza el 10% de su capacidad cerebral y los genios y grandes personajes, como Einstein, Newton o Stephen Hawking emplearon un poco más.

Es muy importante para un instructor que va a explicar el contenido de un curso, asegurarse que todos entiendan lo que explicó; para ello es fundamental que comprenda cómo aprendemos los seres humanos, ya que no todos aprendemos de la misma manera ni con la misma facilidad ni a la misma velocidad.

Es cierto que un adulto requiere de una actitud positiva para aprender, pero el instructor debe de ser un facilitador de ese aprendizaje.

1. EL PROCESO DE ENSEÑANZA APRENDIZAJE

Para que se dé el proceso de enseñanza aprendizaje siempre debe haber un participante. No siempre es necesario un instructor, ya que el aprendizaje puede ser de manera autodidacta, es decir, que el participante investigue y lea por su cuenta para aprender.

Pero si el curso se da en un aula de capacitación, siempre habrá dos elementos, el instructor y el participante.

El proceso de enseñanza aprendizaje en un aula es el siguiente:

2. EL APRENDIZJE DEL PARTICIPANTE

Para ser más efectivos en la capacitación es necesario conocer las formas en que un participante aprende la información que recibe durante un curso.

El participante aprende a través de dos formas:

A. Aprendizaje por Medio del Razonamiento

Para entender este tipo de aprendizaje primero hay que conocer la estructura en que piensa nuestro cerebro. El cerebro se encuentra dividido en dos hemisferios: el izquierdo y el derecho.

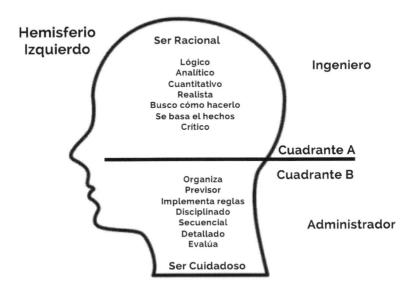

Hemisferio Izquierdo

Ser Racional

Lógico
Analítico
Cuantitativo
Realista
Busco cómo hacerlo
Se basa el hechos
Crítico

Ingeniero

Cuadrante A

Cuadrante B

Organiza
Previsor
Implementa reglas
Disciplinado
Secuencial
Detallado
Evalúa

Administrador

Ser Cuidadoso

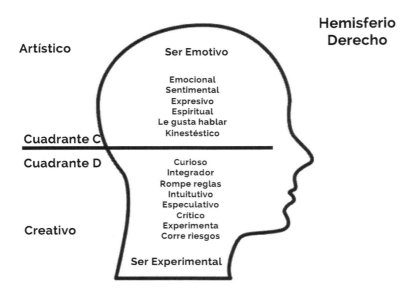

B. Aprendizaje por Medio de los Sentidos

Para entender este tipo de aprendizaje primero hay que conocer la forma en que aprendemos y percibimos el mundo que nos rodea por medio de los sentidos.

El aprendizaje sensitivo se divide en: visual, auditivo y kinestésico.

a. Visuales

Son los que necesitan ver y ser mirados. Este tipo de personas son rápidas, tanto que al hablar pueden omitir palabras por la rapidez de su pensamiento, es como si el pensamiento ganase a la palabra. Generalmente tienen un volumen de voz alto. Piensan en imágenes que representan ideas. Pueden crear imágenes de varias ideas al mismo tiempo, mover esas imágenes alrededor del tema central, ponerlas en secuencia, agregarle más imágenes, unir dos imágenes para hacer una nueva; la velocidad con la que cambian las imágenes les permite pensar en varias cosas al mismo tiempo. Por esa misma velocidad, algunas veces parece que no terminan los razonamientos, porque en su cabeza ha aparecido una nueva imagen que ha desplazado totalmente a la anterior.

b. Auditivos

Con ritmo intermedio, hacen una pequeña pausa al hablar, como: mmm, ajá, necesitan saber que el otro está entendiendo o, por lo menos, escuchando. El pensamiento va paralelo a lo que escuchan o hablan. Suelen ser más profundos que los visuales, pero abarcando menos cosas.

Por lo general son conversadores y no siempre miran al interlocutor, sino que dan preferencia al campo auditivo. Utilizan bien las ideas abstractas. Su pensamiento es lineal, una idea continúa a la otra, por ese motivo puede molestarles cuando se cambian temas sin haberse terminado de tratar.

c. Kinestésicos

Necesitan mayor contacto físico y son muy sensitivos. Su mundo son las sensaciones, principalmente a nivel de piel. Les es muy importante el aspecto afectivo y las emociones. En este proceso de pensamiento utilizan imágenes e ideas abstractas y de vez en cuando, se quedan abstraídos en un tema. Tienen una intuición que les permiten llegar a conclusiones sin haber realizado un análisis lógico completo.

La forma en que se imparta un curso es muy importante, ya que de ello depende cuánto aprende el participante. Es por ello que una presentación debe de contener elementos que faciliten el aprendizaje tanto para los que tienen predominancia al hemisferio cerebral como al derecho. También debe de contener elementos visuales, auditivos y kinestésicos.

3. TÉCNICAS DE APRENDIZAJE ACELERADO

Existen varias técnicas que pueden ayudar a que el participante aprenda más rápido. Estas técnicas son:

A. Mapas Mentales

Un mapa mental es un diagrama usado para representar las palabras, ideas, tareas u otros conceptos ligados y dispuestos alrededor de una palabra clave o de una idea central. Se utiliza para la generación, visualización, estructura, clasificación taxonómica de las ideas y como ayuda interna para el estudio, la planificación, organización, resolución de problemas, toma de decisiones y escritura.

También es familiarmente conocido como mapa conceptual. Un mapa mental es una técnica usada para la representación gráfica del conocimiento, por lo tanto, un mapa conceptual es una red de conceptos. En la red, los nodos representan los conceptos, y los enlaces, las relaciones entre los conceptos.

Los mapas mentales fueron desarrollados por el profesor Joseph D. Novak de la Universidad de Cornell en 1960, basándose en las teorías de David Ausubel del aprendizaje significativo. Según Ausubel, "el factor más importante en el aprendizaje es lo que el sujeto ya conoce". Por lo tanto, el aprendizaje significativo ocurre

83

cuando una persona consciente y explícitamente vincula esos nuevos conceptos a otros que ya posee. Cuando se produce ese aprendizaje significativo se produce una serie de cambios en nuestra estructura cognitiva, modificando los conceptos existentes y formando nuevo enlaces entre ellos.

Mapa mental

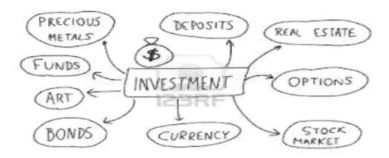

B. Diagrama de Flujo

Es la representación gráfica del algoritmo o proceso. Se utiliza en disciplinas como programación, economía, procesos industriales y psicología cognitiva.

Un diagrama de actividades representa los flujos de trabajo, paso a paso, de negocio y operacionales de los componentes en un sistema.

Estos diagramas utilizan símbolos con significados definidos que representan los pasos del algoritmo y representan el flujo de ejecución mediante flechas que conectan los puntos de inicio y de fin de proceso.

Diagrama de flujo

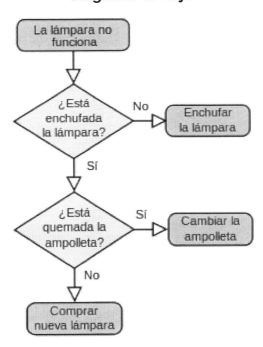

C. Dinámica

A las dinámicas para grupos se les ha denominado como "juegos" porque son divertidos y atractivos para las personas y porque son ficticios.

Las dinámicas para grupos adquieren un valor especifico de diversión que no sólo estimulan la emotividad y la creatividad, sino que también introducen dinamismo y tensión positiva en los grupos. El carácter de juego encierra, además, un doble aspecto:

- Implica el hecho de desligarse de la seria situación del momento.
- Logra una identificación profunda con los problemas con los cuales se trabaja.

Por otro lado, la proposición de un juego suele ir unida a un cambio en el medio de interacción. Lo más importante es que el carácter de juego integra los seis componentes esenciales del ser humano: corporal, afectivo, cognitivo, social, estético y espiritual.

A las dinámicas para grupos también se les ha llamado "vivenciales", porque hacen vivir o sentir una situación real. Lo cual es muy importante, la educación se vuelve formativa y deja de ser informativa para convertirse en conocimiento vivencial.

Las dinámicas para grupos proporcionan vivencias bajo la forma de juegos para que las personas puedan sacar el mayor partido de la experiencia.

A las dinámicas para grupos se les denominan también "experiencias estructuradas" porque son diseñadas con base en experiencias del mundo real que se estructuran para fines de aprendizaje. Lo que se busca es que las personas experimenten el hecho como si éste en realidad estuviera sucediendo.

Dinámicas

D. Videos

El video es un medio de difusión masiva dirigido a un público homogéneo, con intereses comunes, que generalmente es concentrado en un lugar determinado para su proyección, acompañado de presentaciones orales y debates, entre otros, lo cual favorece que sus realizadores tengan una retroalimentación inmediata de su trabajo.

Esta característica establece fundamentalmente la diferencia con el cine y la televisión, la cual está dirigida a un público más heterogéneo, donde la retroalimentación no es inmediata. Pero la dimensión más importante a destacar en el video es que puede ser utilizado como un importante medio audiovisual de enseñanza, ya que combina elementos de los otros medios, como la fotografía, la imagen en movimiento, el texto y el sonido en función de favorecer el desarrollo del proceso de enseñanza-aprendizaje.

Videos

El video didáctico es un medio de comunicación que posee un lenguaje propio, cuya secuencia induce al receptor a sintetizar sentimientos, ideas, concepciones, etc., que pueden reforzar o modificar las que tenía previamente. Permite metodizar actuaciones y enfoques, profundizar en el uso de técnicas, recomponer y sintetizar acciones

y reacciones, así como captar y reproducir situaciones reales excepcionales que pueden estudiarse y analizarse minuciosamente en diferentes momentos.

¡La solución que necesitas!

Búscanos en:

 contacto@solderh.com

 www.solderh.com

 solderhconsultoría

 SOLDERH

CAPÍTULO 7
RELATO
"LA CONSULTORÍA Y EL DEPORTE"

En abril del 2005 ingresé a trabajar a la consultoría española Make a Team, la cual era propiedad de Jorge Valdano, un culto y preparado exfutbolista argentino que fundó su empresa con el objetivo de formar personas, siempre relacionando su filosofía de liderazgo con el deporte.

Valdano fue un futbolista triunfador y aunque técnicamente no era superdotado, su inteligencia, actitud y remate de cabeza lo hacían destacar como un centro delantero de calidad. Jugó en el Real Madrid y fue campeón del mundo en México 86 con la selección de Argentina al lado de Diego Armando Maradona. Ya retirado como futbolista trabajó como entrenador, para luego ser Director Deportivo y finalmente, Director General del Real Madrid.

En 1999 y tras colaborar con la prestigiosa consultoría Ernst & Young, Jorge Valdano creó con Juan Antonio Corbalán, Andoni Zubizarreta y el consultor Juan Mateo, la primera empresa española que tendió puentes entre el mundo del deporte y el management en España: Make a Team. Dicha empresa fue pionera en la investigación y el desarrollo de equipos, y pronto se convirtió en una consultoría de prestigio tanto en España como en América Latina.

Una consultoría es una organización que ofrece un servicio profesional especializado con conocimientos específicos en un área, la cual asesora a otras empresas. En el caso de Make a Team, ésta asesoraba y daba soluciones a otras empresas con cursos de capacitación y eventos con actividades de integración.

La oficina de México estaba constituida por doce personas: tres gerentes, ocho consultores y un mensajero. Desde mi primer día me llevaron a tomar un curso que se estaba impartiendo a gerentes del banco Santander en un prestigiado hotel de la Cuidad de México.

A ese curso fui como observador. El curso lo impartían dos instructores: Luis Farías y Julio Calvillo. Por mi personalidad extrovertida y protagonista me fue muy complicado quedarme callado y no intervenir. Lo que sí hice fue tomar nota de las aspectos positivos y negativos del curso, ya que debía entregar un reporte al Gerente de Ventas, Alberto Hurtado, quien era mi jefe. El curso fue largo, duró tres días y los participantes salieron muy contentos.

Cuando entregué mi reporte a Alberto, había más muchas más cosas negativas que positivas. Mi reporte criticaba completamente la forma en la que se daba el curso, los juegos, las dinámicas y el barullo que se generaba. Pero era normal, estaba acostumbrado a trabajar y dar cursos con la clásica metodología expositiva donde el instructor sólo lee y explica las láminas de una presentación.

Me tomó seis meses acostumbrarme a una nueva forma de trabajar e impartir un curso. Antes de mi entrada a Make a Team ya sabía preparar un curso, realizar contenidos, impartirlos y hacer un reporte al final. Pero ahora, los contenidos estaban enfocados a temas de habilidades y desarrollo humano.

La forma de impartir era siempre por parejas, lo que promovía siempre el trabajo en equipo. Al principio me costó mucho trabajo adaptarme a ello, aprendí que en un equipo lo importante no es ser la estrella, sino lograr resultados muy competitivos sumando esfuerzos y habilidades complementarias. Yo puedo ser muy bueno para algo, pero hay cosas que me cuestan trabajo; si lo hago solo, me voy a limitar y no alcanzaré el objetivo deseado. En cambio, aunque sea muy bueno para algo, si pido el apoyo de mi compañero que es bueno para otra cosa en la que yo no lo sea, los dos obtendremos beneficios.

Otro cambio radical que era nuevo para mí era la metodología, los cursos en esta consultoría se basaban en dinámicas, reflexiones y marco teórico. Normalmente, el 50% del tiempo estaba dedicado a las dinámicas, el 20% a las reflexiones y el otro 30% al contenido o marco teórico. Esta nueva metodología que aprendí es muy efectiva, ya que el participante aprende viviendo la experiencia y practicándola.

Empecé a impartir una gran cantidad de cursos a personal de tres grandes empresas internacionales, tales como Santander, Seguros

Monterrey e IXE Grupo Financiero (ahora Banorte). Eso me dio muchísima experiencia en el ramo de la impartición, me hizo un experto manejando grupos de distintos niveles, pero, sobre todo, amplió mi panorama y aprendizaje en temas de desarrollo humano.

Me tocó viajar mucho y normalmente durante mi primer año fui constantemente a ciudades como: Monterrey, Guadalajara y Querétaro. Viajar es muy "padre" o "guay" como decían mis compañeros españoles.

Al trabajar en equipo aprendí lo que consideraba mejor de algunos de mis compañeros, como Julio Calvillo (su sentido del humor aplicado a un curso), Luis Farías (su preparación previa a un curso), Mariana Ríos (su profesionalismo), Gaby León (a integrar audiovisuales en presentaciones durante un curso), Octavio Coronado (la planeación y logística en eventos Team Building), Pablo Zolle (el manejo de dinámicas) y José Luis Arizaleta (a emplear muchos ejemplos).

Durante 2005 y en uno de sus viajes a México, conocí a Jorge Valdano. Él venía unas tres o cuatro veces al año, ya que era contratado por clientes para impartir conferencias. Me di cuenta de su inteligencia, liderazgo, calidad humana y sobre todo, sencillez. Al conocerlo me confirmó que estaba en el lugar correcto y en el momento correcto.

A finales de 2005 viví uno de los momentos más satisfactorios de mi etapa profesional. En Punta Cana, República Dominicana, se llevaba a cabo la convención anual "Circulo de Oro" de Banamex. Este evento era un premio a los empleados de sucursales que mejores resultados habían tenido en el año, especialmente los Ejecutivos y Gerentes de Sucursal; además, acudían subdirectores y directores del corporativo. El evento tendría una duración de tres días y durante las mañanas, Make a Team y su equipo participarían con alrededor de 1,500 empleados de Banamex en actividades de Team Building. Nuestro grupo iba conformado por veinte personas, incluyendo a Jorge Valdano y directivos españoles, como Jaime Bas y Antonio Llorente. También acudieron los principales gerentes y consultores de la oficina de México, que para ese entonces, nuestra oficina había crecido y teníamos el doble de personal que cuando ingresé. El primer día se llevaron a cabo varias dinámicas de integración. Para el segundo día sólo había una dinámica, se llamaba el "Futbolito", era una dinámica que yo adapté a un futbolito humano y cuyas reglas modifiqué de un tradicional partido de fútbol. La dinámica fue un éxito, la más gustada del evento y sería la única dinámica que repetiría año con año en los siguientes "Círculos de Oro". Jorge Valdano me hizo un reconocimiento público delante de los demás y mi sonrisa creo que se mantuvo congelada, al menos, un par de días. Al final, nuestra participación en el evento fue un éxito y Banamex nos abrió la puerta para participar en un programa de capacitación enorme a todo el personal de sucursales.

Durante mi primer año había aprendido muchísimo en temas de habilidades humanas, especialmente en lo referente al "Trabajo en Equipo" y al "Servicio al Cliente", estas dos las aplicaba en mi trabajo diario y me habían traído hasta ese momento muy buenos resultados.

Para 2006, Make a Team comenzó a trabajar un proyecto enorme con Banamex. Se trataba de brindar capacitación a todo el personal de sus sucursales por todo el país. Para ello, la plantilla laboral creció y en un año, la consultoría tenía alrededor de 100 instructores, más de la mitad de ellos como *freelance*.

Trabajar en este proyecto me representó en lo personal viajar muchísimo y en dos años pude conocer casi todo el país. Lugares hermosos, en especial, Chiapas, Oaxaca y Baja California Sur.

Este proyecto me permitió conocer más instructores, como fue el caso de Lorena Morales y Alfonso Velázquez (dos de los instructores más empáticos y talentoso con los que he trabajado).

Los cursos con Banamex nos ayudaron a entender cómo funciona la operación de una sucursal, así como las contingencias y sistemas de seguridad que se tienen.

Durante 2006 tomé el curso de "Administración del Tiempo" y posteriormente, aprendí a aplicarlo a mi día a día. A partir de ahí, mi productividad aumentó. Además de impartir cursos, me daba tiempo de implementar nuevos proyectos y eso empezó a generarme un crecimiento laboral dentro de la consultoría.

Uno de esos proyectos fue el de crear un "Boletín de Comunicación Interna". Este boletín tenía diferentes secciones y se mandaría por correo a todos los miembros de la oficina de México de manera semanal. El objetivo de ese documento era el de notificar a todos los instructores que viajaban constantemente y estaban poco tiempo en la oficina sobre noticias con los clientes, cambios, adecuaciones, políticas y nuevos proyectos. Para 2007 se convirtió en periódico electrónico y ya contaba con varios colaboradores que me ayudaban a conformarlo. Meses más tarde, Jaime Bas, al darse cuenta del resultado, me pidió que coordinara con la gente de comunicación en España para desarrollar una revista global para todo el corporativo.

Para 2007 no podía estar más contento en la institución en la que había aprendido mucho y crecido profesionalmente, sin embargo, ese año tuve tres acontecimientos negativos con dos consultores y una gerente, quienes me hicieron reflexionar sobre algo que debía cambiar. Si seguía así, mi trabajo se iría "por la borda" y no solo ya no crecería, sino que podría perder mi empleo.

Mi carácter era muy explosivo, en esos tres incidentes, me puse muy agresivo con mis compañeros y delante del cliente. Al día de hoy creo que en los tres casos yo tenía la razón de las diferencias con ellos, pero mi forma de expresarlo y manejarlo fue totalmente inadecuada. Me di cuenta que pelearme no me iba a llevar a nada, tenía que cambiar. Meses atrás ya había tomado el curso de "Comunicación Asertiva", así que decidí, por más difícil que fuera, aplicar el "proceso para ser asertivo". Me tomó mucho esfuerzo y seis meses de trabajo, pero finalmente aprendí a manejar mis emociones y a comunicarlas de manera asertiva.

Durante 2008 tomé tres cursos y aprendí las bases para aplicar el "Liderazgo Situacional", el "Coaching", y la "Retroalimentación Efectiva". Esto me sirvió para desarrollar un "Programa de Entrenamiento" a los instructores nuevos y tener un grupo de tutores que me apoyaban a entrenar a los demás. Aplicando este programa tendríamos instructores preparados y listos para impartir cursos en el proyecto de Banamex en aproximadamente una semana a partir de su ingreso.

Ese proyecto me ayudó a tener un nuevo ascenso y ahora era "Consultor Senior", uno de los más experimentados de la compañía. Este sería mi último ascenso y de ahí en adelante, mi crecimiento quedaría estancado.

Para 2009 había aprendido casi todo lo que Make a Team me podía enseñar en cuanto a temas y capacitación se refiere. Cuando no viajaba dando cursos, ese año me enfocaba más en aprender en la elaboración de propuestas, preparar nuevos contenidos, dinámicas y ver detalles de logística, pero, sobre todo, mi interés estaba en aprender a vender, en llegar a ser un "Gerente de Ventas".

Empecé a tener mis primeras frustraciones. Una de ellas tenía que ver con el aprendizaje y la creación de nuevos contenidos. Por ejemplo, si yo quería investigar un nuevo tema y si éste no estaba vendido, mi investigación se quedaba guardada en el escritorio. Otra frustración era que casi no se me daba la oportunidad de asistir con los Gerentes de Ventas a citas con los clientes, por lo que no podía aprender mucho en la parte comercial y me era imposible crecer al siguiente nivel arriba del mío. Pero, sin duda alguna, mi mayor frustración fue la de casi no tener tiempo para mi vida personal; entre semana viajaba o estaba en la oficina y casi todos los viernes viajaba por la noche a una sede para dar curso de Banamex en sábado y regresar a la Cuidad de México el domingo al medio día. Mi vida personal quedaba limitada a unas cuantas horas del domingo.

Así pues, en agosto de 2010 tuve una reunión con Alberto Hurtado, el Director General de la oficina de México, pero no llegamos a un acuerdo y fue entonces que decidí poner mi renuncia en la mesa.

Tardé un mes en preparar todo y entregar mi puesto, y para el 30 de septiembre de 2010 mi aventura por Make a Team había terminado.

Fueron cinco años maravillosos y quizá uno complicado, pero valió la pena. Al día de hoy me siento agradecido de haber trabajado en esa consultoría y siempre la consideraré como mi mejor escuela (por encima del Tec de Monterrey, donde estudié mi carrera). Actualmente, a varios de mis compañeros los veo como maestros que me dejaron enseñanzas profesionales y de vida.

En Make a Team me volví un experto manejando e impartiendo grupos, aprendí y apliqué muchos temas de habilidades humanas, me divertí muchísimo trabajando y ahora sé que el aprendizaje no está peleado con la diversión; sobre todo, crecí y maduré personal y profesionalmente.

Como todo en la vida hay un proceso de inicio, crecimiento, madurez, decadencia y fin, y Make a Team no fue la excepción. Vendrían nuevos retos, la mejor experiencia laboral, hasta entonces, había terminado. Como dije al final del capítulo 5, "haber trabajado en Make a Team fue una decisión que cambió mi vida"… y fue para bien.

Convención "Círculo de Oro"
en Punta Cana, Rep. Dominicana
con Jorge Valdano, Antonio Llorente y Jaime Bas

Comida de Fin de Año
Integrantes 2006

Convención "Círculo de Oro 2007"
"Dinámica Futbolito"

Convección "Círculo de Oro 2008"
Equipo de Consultores Make a Team

CAPÍTULO 8
LA ENSEÑANZA DEL INSTRUCTOR

Antes que nada no hay que confundir el término entre consultor e instructor. Ambos pueden impartir cursos de capacitación, pero la principal diferencia es que el instructor se dedica únicamente a la impartición de cursos, mientras que el consultor hace una investigación previa, detecta necesidades, crea contenidos y también, si es necesario, imparte los cursos.

En este capítulo nos centraremos en la importancia de la labor del instructor, y en el próximo hablaremos sobre las actividades del consultor.

Un buen instructor es esencial para el éxito de un curso. Su conocimiento, sus habilidades y su experiencia son fundamentales para que su enseñanza genere un impacto en el participante.

Conociendo las distintas formas de aprendizaje, nos centraremos en las habilidades que debe tener el instructor y las distintas técnicas de impartición que puede aplicar para asegurarse el conocimiento y desarrollo del participante.

Durante un curso, el instructor es el centro de atención para los participantes; sin embargo, para éste, los participantes siempre serán lo más importante, por lo que debe aprender a manejar su **ego**.

1. HABILIDADES DEL INSTRUCTOR

Para que la enseñanza de un instructor sea efectiva es necesario que éste posea una serie de habilidades, ya sea innatas o que desarrolló con la práctica. A continuación analizaremos estas habilidades:

A. Atención

Es estar siempre concentrado dentro del aula, tanto con los participantes, como con todo lo que sucede a su alrededor.

B. Observación

Consiste en tener habilidades visuales para darse cuenta de todo lo que suceda dentro de un aula. Un instructor podrá identificar a través de la vista si un participante tiene dudas, está cansado, aburrido o desinteresado.

C. Escucha

Es la capacidad de oír y entender los mensajes que recibe del auditorio al cual le está impartiendo el curso. De la información que perciba por medio de la escucha podrá resolver dudas, poner ejemplos o dar un análisis más a fondo del tema que está exponiendo.

D. Paciencia

Consiste en no desesperarse y mantener la calma. Las situaciones más comunes en las que un instructor debe de ser paciente y mantener la calma se dan cuando:

- Un participante no entiende.
- Un participante está renuente a aplicar lo visto en el curso.
- Surge un imprevisto.
- Del exterior hay interrupciones constantes durante el curso.

E. Volumen de voz

Hablar con un volumen alto para que todo el grupo lo escuche. Un instructor con un buen volumen de voz no requerirá de micrófono. Un volumen de voz alto no significa gritar.

F. Tono de voz

Es el énfasis que el instructor emplea en las palabras que dice. El tono de voz es una herramienta muy útil para darle peso e intención al contenido de lo que se está explicando. El tono de voz ayuda a retomar la atención de un participante que se haya salido de foco o atención a lo que se está explicando.

G. Dicción

Es la habilidad de hablar de una manera clara y donde todas las palabras se entiendan gracias a una buena pronunciación. Un buen ejercicio para practicar la dicción consiste en leer en voz alta con un lápiz o pluma en la boca, eso acostumbrará a la lengua y los labios a no abrir de más y mejorará la dicción del interlocutor.

H. Capacidad para no decir muletillas

Al hablar hay que evitar decir palabras como: "este", "ajá", "mjm", "ehh", etc. Estas expresiones las hacemos de manera involuntaria para ganar tiempo y pensar durante una exposición, pero denotan inseguridad y falta de preparación. Además, las muletillas le quitan el ritmo a nuestra exposición.

I. Imagen y presencia

Se refiere a la vestimenta, el peinado y la limpieza. Es todo lo que transmite el instructor de su imagen y lo refleja en su personalidad.

I. Posturas y ademanes correctos

Se refiere a la manera en la que nos paramos en el escenario, los movimientos de manos y pies, así como nuestra gesticulación y lo que transmitimos de nuestro estado de ánimo.

K. Manejo de desplazamientos en el escenario

Caminar en el escenario es un recurso para llamar la atención de nuestro auditorio, pero al hacerlo hay que tener un equilibrio en el uso del mismo y no abusar de este recurso.

L. Capacidad para analizar al grupo

Un instructor, a través de su observación y escucha, podrá analizar lo que sucede durante el curso y reaccionar dependiendo de la situación.

M. Explicar en un lenguaje claro y sencillo

Hablar de una manera en la que todo el auditorio lo entienda. El nivel de complejidad y tecnicismos que manejemos durante una exposición dependerá del grado de preparación y experiencia del grupo con respecto al tema que se impartirá.

N. Manejo de los nervios

Un instructor deberá dominar su nerviosismo y no demostrarlo ante un grupo. La mejor manera de hacerlo es con la práctica y el amplio conocimiento del tema. Un instructor que no pueda manejar sus nervios no debe de impartir un curso.

O. Honestidad

Un instructor debe de tener credibilidad y para ello, es necesario que sea siempre honesto. Cuando el instructor no sepa la respuesta a una duda del participante deberá aceptar que no tiene la información y posterior al curso le enviará una respuesta. Si el instructor inventa la respuesta y el participante se da cuenta, perderá la credibilidad por lo que resta del curso.

P. Actitud de servicio

El instructor siempre deberá estar al servicio de las necesidades del grupo, llevando siempre un control del mismo, pero siempre manteniendo y promoviendo el respeto hacia los demás.

Q. Capacidad para analizar al grupo

Un instructor, con su observación y escucha, podrá analizar lo que sucede durante el curso y reaccionar dependiendo de la situación.

- Por ejemplo, si el grupo está cansado deberá hacer algo para reactivarlo o mandarlo a un receso.

- Otro ejemplo común es que el grupo esta centrándose en una discusión sin sentido, donde deberá retomar el tema principal.

R. Empatía

Es la capacidad que tiene el instructor de entender la forma en la que el participante está aprendiendo. Lo complejo ante un grupo es que no todos los participantes aprenden de la misma manera. Para generar empatía con la audiencia es importante hablar de una manera en que todo el auditorio lo entienda. Al momento de dar una explicación no pierdas la paciencia y ponte en la situación del participante si tú no entendieras. El objetivo no es demostrarle al participante que tú sabes, sino que éste llegue al conocimiento que tú tienes del tema.

R. Gusto por la capacitación

Cuando un instructor disfruta su trabajo transmite este estado de ánimo al grupo y lo contagia para que éste tenga una actitud positiva. Es importante demostrarle al grupo tu gusto por estar capacitando. Trata de sonreír, ser paciente y amable con el grupo. Si no te gusta impartir un curso y lo haces de manera frecuente, mejor dedícate a otra cosa.

Aunque algunas habilidades son innatas, todas se irán desarrollando con la práctica; mientras más cursos imparta el instructor, más dominio tendrá de sus habilidades. Un instructor de excelencia es el que es autocrítico y siempre busca mejorar sus habilidades.

2. TÉCNICAS DE IMPARTICIÓN

Es muy importante que el instructor utilice métodos para comunicarse de la manera más efectiva con el participante. A continuación veremos cuatro técnicas efectivas para la impartición de un curso. Éstas son:

A. Expositiva

La técnica expositiva consiste en comunicar las ideas explicando, a detalle a base de láminas, el tema que se está exponiendo.

Los objetivos de la técnica expositiva son la transmisión de conocimientos, ofrecer un enfoque crítico de la disciplina que conduzca a los alumnos a reflexionar y descubrir las relaciones entre los diversos conceptos, formar una mentalidad crítica en la forma de afrontar los problemas y la capacidad para elegir un método para resolverlos.

Ventajas:

- Permite abarcar contenidos amplios en un tiempo relativamente corto.

- Es un buen medio para hacer accesibles a los estudiantes las disciplinas cuyo estudio les resultaría desalentador si las abordaran sin la asistencia del instructor.

- El instructor puede ofrecer una visión más equilibrada de la que suelen presentar los libros de texto.

- Algunos participantes suelen aprender más fácilmente escuchando que leyendo.

- Facilita la comunicación de información a grupos numerosos.

B. Interrogativa

El instructor comunica sus ideas por medio de preguntas haciendo reflexionar al participante para que conteste dichas preguntas y lo lleva al punto donde el instructor quiere. En este caso, el instructor funciona como un guía o facilitador y el participante es quien expone los temas y el contenido del curso.

Se presenta la información en forma oral, siguiendo también un orden. Se realiza una introducción y un breve desarrollo del contenido.

Se hace un espacio de tiempo destinado al intercambio de preguntas y respuestas que sirven para profundizar en algunos aspectos planteados en la introducción.

Ventajas:

• Se inicia o finaliza un tema o actividad.

• Se exploran experiencias, capacidades, criterio de los participantes y se desea establecer una comunicación adecuada.

• Hay necesidad de centrar la atención y reflexionar sobre aspectos importantes.

• Genera en el participante mayor reflexión y participación.

• Se acostumbra al participante a pensar más en soluciones y se le involucra más en lo que se está diciendo.

C. Demostrativa

El instructor comunica sus ideas a base de ejemplos o por medio de apoyos visuales, como videos e imágenes. Esta técnica también funciona haciendo pasar al frente a uno o varios participantes para que experimenten un ejemplo o ejercicio.

Consiste en la ejecución de lo que se expone. Generalmente se necesita equipo adicional e instrumentos.

Los pasos para aplicarla son los siguientes:

*   Se da una explicación general, se realiza una puesta en práctica a cargo del instructor.

*   Se repite la explicación.

*   Se repite la práctica más lentamente.

*   Se concluye con la realización de las actividades a cargo de los participantes.

Ventajas:

*   Es necesario apreciar "en cámara lenta" la secuencia de un proceso, la manipulación de un aparato, etc.

*   Se cuenta con los recursos necesarios.

*   Por primera vez se va a manejar un instrumento, hacer un trazo, una resolución de problemas, etc.

D. Vivencial

El instructor realiza una dinámica o un ejercicio práctico donde los participantes viven la experiencia y aprenden rápidamente.

A las dinámicas para grupos se les conoce como "juegos empresariales" porque son divertidos y atractivos para las personas, y porque son ficticios.

A las dinámicas para grupos también se les ha llamado "vivenciales" porque hacen vivir o sentir una situación real. Lo cual es muy importante porque hoy, más que nunca, la educación se vuelve formativa y deja de ser informativa para convertirse en conocimiento vivencial. Las dinámicas para grupos proporcionan vivencias bajo la forma de juegos o ejercicios con una estructura mínima para que las personas puedan sacar el mayor partido de la experiencia.

Ventajas:
- Las dinámicas para grupos adquieren un valor especifico de diversión.

- No sólo estimulan la emotividad y la creatividad, sino que también introducen dinamismo y tensión positiva en los grupos.

- Implica el hecho de desligarse de la seria situación del momento.

- Logra una identificación profunda con los problemas con los cuales se trabaja. Esta identificación es imposible de obtener de otro modo.

El éxito en la enseñanza del instructor radica en el manejo óptimo de sus habilidades y en utilizar la técnica de instrucción adecuada de acuerdo el tema que se esté impartiendo.

Por eso:

"Recuerda que el mejor instructor no es el que más sabe, sino el que se asegura que el participante aprenda del tema."

Adquiere este libro por...

Ya sea en versión Kindle o en formato de Pasta Blanda

Entiende tus miedos, rompe patrones negativos y mejora tus relaciones...¡incluye test de personalidad!
www.amazon.com.mx

Dominique Daphnis

CAPÍTULO 9
RELATO
"UN NUEVO COMIENZO"

Después de mi salida de Make a Team me tomé unas merecidas y necesarias vacaciones.

A mi regreso, Oscar Ávila, con quien había trabajado en Hipotecaria Nacional me invitó a trabajar como instructor *freelance* para la consultoría Ned Herrman Group, para un proyecto con el Infonavit. El proyecto trataba de dar una capacitación a los participantes sobre la nueva visión del Infonavit y sobre un proyecto nuevo de sustentabilidad. Me tocó impartir cursos en la Ciudad de México, Monterrey, Pachuca y Saltillo.

Además mi amiga Sandra Alegría, con quien había trabajado también en la hipotecaria, me invitó para un proyecto muy interesante con Siemens. Ella tenía poco de haber abierto su consultoría Impulsa y le estaba yendo muy bien. Siemens estaba por implementar un nuevo proyecto denominado "Evolución", donde no habría espacios cerrados, ni cubículos, ni privados, sino espacios y áreas comunes para todos. El proyecto consistía en capacitar al todo el personal que se encontraba en la planta de Vallejo sobre cómo se llevaría a cabo la mudanza y cómo trabajarían en sus nuevas instalaciones aplicando el espacio abierto.

Durante los siguientes meses estaba bastante ocupado y trabajo no me faltaba. En mis ratos libres acudía a varias entrevistas ya sea como consultor o como Gerente de Capacitación.

Durante las entrevistas me di cuenta de que mi puesto en Make a Team estaba muy bien pagado y por encima del mercado. Si me iba a contratar de nuevo en una empresa tendría que estar seguro que tanto económicamente como en calidad laboral y personal valiera la pena.

Para diciembre de 2010 fui a comer con mi hermana Roxana, ella tenía una agencia de marketing y fue quien me metió el "gusanito" en la cabeza" de que creara mi propia consultoría. Ella se ofreció con su gente a apoyarme en la creación de la página de internet y el logo.

A los pocos días me reuní con mi amigo Mauricio Gleich, él dirigía "La Guía de Capacitación Empresarial", una revista que ofrece espacios publicitarios a consultorías en capacitación. Mauricio me brindó apoyo y me ofreció un espacio por los siguientes tres meses.

Tengo que reconocer que en un inicio tenía mis reservas y un poco de temor en abrir la consultoría, ya que estaba solo y no sabía cómo me iba a ir. Pero después de varios días de pensarlo tomé la decisión de hacerlo.

Lo primero que hice fue pensar en el nombre. Para ello tenía que tener claro cuál sería la misión visión y valores que representaran mi consultoría.

Me quedó claro que, aunque tenía una buena experiencia en capacitación, no sólo quería enfocar mi trabajo a ello, podía aplicar también varios aspectos del área de Recursos Humanos, como Reclutamiento, Evaluaciones de Desempeño, Clima Organizacional, Descripciones de Puesto, Planeación Estratégica y Comunicación.

Establecí la misión de: "Ofrecer soluciones y desarrollo al recurso humano" de las empresas que fueran mis clientes. Fue entonces que se me ocurrió el nombre de mi consultoría: SOLDERH (Soluciones y Desarrollo en Recursos Humanos).

Establecí la visión: "Ser a futuro una consultoría modelo que ofreciera soluciones sencillas, innovadoras y de alto impacto".

Finalmente, para establecer los valores debería elegir los que me representaban, así como los que debería tener cualquiera que trabajara en SOLDERH. Los valores establecidos fueron: Innovación, Calidad, Mejora Continua, Pasión, Motivación, Profesionalismo e Integración.

Una vez que ya tenía definido el nombre, la misión, y los valores me puse en contacto con mi hermana. Ella y su equipo comenzaron a trabajar en el diseño del logotipo. Posteriormente en la elaboración de la página de internet y finalmente en un anuncio publicitario.

Cuando el logo, la página y el anuncio publicitario estuvieron terminados contacté a Mauricio. Él registró los datos y publicó el anuncio en la Guía de Capacitación Empresarial.

Al mismo tiempo di de alta la documentación en Hacienda y para enero del 2011, SOLDERH era oficialmente una consultoría de "carne y hueso".

Al inicio había pocas llamadas para concertar citas, por lo que continué trabajando en mis proyectos de freelance con el Infonavit y con Siemens.

Pero después de algunos meses, los dos proyectos se terminaron. Cada vez acudía a más citas, pero no había cerrado ninguna venta. Sabía hacer propuestas, pero nadie me había enseñado a vender. Tenía que aprender con la práctica, pero esto me estaba costando desperdiciar oportunidades con prospectos.

Después de cinco meses empecé a pensar que quizás me había equivocado. Poco a poco empecé a aprender que en el negocio de la consultoría no solo basta con tener una buena propuesta, sino que es muy importante generar confianza. La primera venta con un prospecto es la más difícil, ya que no te conocen y no confían en ti.

En varias citas me estuvo acompañando una consultora y ahora buena amiga, Ana Elena Espinosa, a quien había conocido meses atrás en el proyecto de Infonavit. Ana es una mujer muy preparada y muy paciente, con amplio conocimiento en temas de capacitación y Recursos Humanos.

Fue así que en a mediados de 2011 recibimos nuestra primera oportunidad. La empresa Game Express, dedicada a la realización de videojuegos, necesitaba un cuso de "El Modelo de Calidad de las 5 S". Ana sería la instructora, yo apoyaría en toda la logística y el seguimiento con el cliente.

Al mes siguiente logramos nuestra segunda venta. Ahora con una financiera que otorga créditos rurales a personas de escasos recursos. Con Financiamiento Progresemos impartimos nuestro primer curso piloto y fue todo un éxito.

También con la empresa IQ ZONE empezamos a trabajar en un proyecto de Planeación Estratégica redefiniendo su misión y sus objetivos, así como creando descripciones de puestos del nuevo personal a contratar.

Con Financiamiento Progresemos se empezaron a implementar cursos en sus ocho sucursales y al poco tiempo me estaba saturando de trabajo.

Me di cuenta que era momento de empezar a contratar gente. Ingresó una persona en logística y dos instructores me comenzaron a apoyar en los cursos.

Para finales de año cerramos la venta de una serie de cursos con Canon Mexicana sobre "Atención Telefónica".

Fue así que, a pesar de tener un primer semestre duro y difícil, el segundo empezaba a ser promisorio. El punto de equilibrio entre ventas y gastos se alcanzó en septiembre y de ahí en adelante comenzaron las utilidades.

Para diciembre del 2011 y después del primer año de operación, SOLDERH empezaba a tomar forma de manera promisoria. Lo mejor estaba por venir.

Etapa de Freelance
"Proyecto Siemens"
Con Sandra Alegría

Etapa de Freelance
"Proyecto INFONAVIT"
Curso en Saltillo

Cliente: Game Express
Con Ana Elena Espinosa

Curso en Cuautla
Cliente: Financiamiento Progresemos

CAPÍTULO 10
ACCIONES POSTERIORES A UN CURSO

De nada sirve impartir un curso si no hay una retroalimentación del mismo. ¿Pero, a quién debe de retroalimentar el instructor?

El instructor debe de informar el resultado del curso a:

- Recursos Humanos
- Jefe Inmediato

Al terminar un curso es necesario tener documentada la realización del mismo. Es por ello que es indispensable tener:

- Lista de Asistencia
- Evaluación al Cuso
- Reporte de Capacitación

Si estos tres documentos están bien llenados habrá una buena retroalimentación del instructor al área que organizó y administró la capacitación.

Una buena retroalimentación siempre es fundamental para corregir, hacer mejoras al curso y tener una capacitación de calidad.

1. LISTA DE ASISTENCIA

Es un documento que sirve para registrar a los participantes de un curso y para probar su asistencia al mismo. Una lista de asistencia es un documento oficial y en una auditoría (ya sea interna o externa) sirve para comprobar que el curso se llevó a cabo.

La lista de asistencia se divide en dos secciones: Datos Generales y Datos de los Participantes.

Los Datos Generales deben contener lo siguiente:

• Nombre del Curso

• Sede o Sala

• Fecha

• Nombre del Instructor

• Horario del Curso

Los datos de los participantes deben tener el nombre completo del participante y su firma. De manera opcional se pueden pedir otros datos, como número de nómina, dirección o área.

A continuación se presenta un ejemplo de Formato de Lista de Asistencia:

 SOLDERH

LISTA DE ASISTENCIA

CURSO: _____ SEDE: _____
FECHA: _____ INSTRUCTOR: _____
HORA DE INICIO: _____ HORA DE TERMINO: _____

A S I S T E N T E S:

No.	NOMBRE	FIRMA
1.		
2.		
3.		
4.		
5.		
6.		
7.		
8.		
9.		
10.		
11.		
12.		
13.		
14.		
15.		
16.		
17.		
18.		
19.		
20.		

2. EVALUACIÓN AL CUSO

Es un documento que sirve para medir los resultados del curso. Las evaluaciones las aplican los participantes y son quienes evalúan el evento de capacitación. La "Evaluación al Curso" también es un documento oficial y útil durante una auditoria.

Al final del curso es importante dejar al menos cinco minutos para que el participante llene la evaluación con calma. Un error frecuente en el instructor durante un curso es pasarse de la hora de término del curso y dejar poco tiempo al participante para la evaluación. Normalmente, el participante llenará la evaluación rápido y sin analizar objetivamente los puntos de la misma.

La evaluación al curso se divide en tres secciones: aspectos a evaluar, sugerencias y datos del curso.

Los "Aspectos a Evaluar" es una sección cuantitativa con escalas numéricas para calificar algunos aspectos del curso, tales como:

- Funcionalidad del Curso
- Aprendizaje
- Material Didáctico
- Instructor
- Logística

Las "Sugerencias" es una sección cualitativa con una serie de comentarios para mejorar la calidad del curso. Es importante al menos dejar un par de reglones para que el participante pueda escribir con detalle sus comentarios y las áreas de mejora del curso.

Para los "Datos del Curso" se pide:

- Nombre del Instructor
- Nombre del Curso
- Área en la que el participante labora
- Fecha

Se recomienda que la evaluación sea anónima para que el participante se sienta libre de evaluar al curso sin miedo a alguna represalia.

SOLDERH

	5	4	3	2	1	TOTAL
Evaluacion del Curso						
¿Se cumplieron tus objetivos del curso?						
¿La secuencia de los temas y orden fueron?						
¿Aplicación inmediata a funciones de trabajo?						
¿La duración del curso te parece?						
APRENDIZAJE						
¿Lo que aprendes lo puedes relacionar con tus actividades cotidianas?						
¿Se ampliaron tus conocimientos con este curso en que medida?						
¿Cambio la visión que tenias acerca de tu trabajo?						
¿Consideras que los temas abordados te serán de utilidad en tu equipo de trabajo?						
¿Tu motivación para asistir a los cursos es?						
Evaluacion del Material Didactico						
¿La calidad del material es?						
¿El vocabulario del material es de fácil comprensión?						
¿El material es de fácil consulta y seguimiento?						
¿El material adicional de apoyo utilizado fue?						
INSTRUCTOR						
¿La exposición del instructor acerca del tema fue?						
¿El instructor resolvió tus dudas de los temas expuestos?						
¿El manejo del instructor con el grupo fue?						
¿Cómo consideras el dominio de conocimientos que tiene el instructor?						
¿La puntualidad del instructor fue?						
COORDINACION DE LA LOGISTICA (únicamente cursos presenciales)						
¿Se establecieron los objetivos del Programa?						
¿La presentación de los temas fue lógica y adecuada?						
¿La programación, horario y descanso fueron?						
¿Las instalaciones donde se desarrolló el evento?						
¿La comida, café, refrescos, pastas, fueron?						

Comentarios y Sugerencias _____

Instructor:_____   Área _____

Nombre del Curso _____ Fecha _____

3. REPORTE DE CAPACITACIÓN

Es un documento que sirve para medir los resultados del grupo y su desempeño durante un curso. Antes de llenar un reporte es muy importante tener en claro el objetivo del mismo. Éste es el de documentar comentarios del instructor de todo lo sucedido durante el curso para que sirva de referencia para próximos cursos. Este reporte lo realiza el instructor que impartió el curso.

Un reporte de capacitación contiene la siguiente estructura:

- Datos Generales
- Percepción del Instructor del Grupo
- Aspectos de Logística y Material
- Aspectos Internos a Considerar
- Actitud del Grupo
- Participantes más Destacados
- Participantes Difíciles
- Incidencias o Imprevistos
- Comentarios del Instructor

A continuación se presenta un formato de reporte:

SOLDERH

Nombre del Curso

Reporte Cualitativo de Capacitación

Mes

Fecha:	dd/mmmm/aaaa
Instructor:	Nombre y Apellidos
Sede:	Lugar donde se llevó a cabo el curso.
No. de Asistentes convocados:	
No. de Asistentes recibidos:	

1.- Percepción de los instructores en cuanto al Proceso Grupal: (El comportamiento general de los asistentes, desarrollo del curso, actitudes reflejadas)	
2.- Aspectos relevantes de Logística y Material	
3.- Aspectos Internos a considerar para la implementación del curso (ej.- Dificultades a las que se enfrentan los participantes para poner en práctica los conocimientos que se revisan en el programa	
4.- Actitud general del grupo frente al programa Excelente, Bueno, Regular o Malo	
5.- En caso de regular o malo, el grupo indica que es necesario mejorar: Herramientas de trabajo, Procesos, Comunicación Interna, Políticas, Actitud del jefe, Otros (menciona cuales)	
7.- Participantes más destacados	Nombre y Apellidos
8.- Participantes menos destacados Comportamientos observados	Nombre y Apellidos
9.- Incidencias dentro del Programa	
10.- Comentarios del Instructor (poner una observación del instructor por dinámica)	

 **SOLDERH**

Cursos In Company

Diseñamos programas de capacitación justo a la medida de sus necesidades para ser impartidos en sus instalaciones o bien donde su organización lo requiera. Creamos soluciones prácticas tomando en cuenta el área y tema a desarrollar, el nivel académico y perfil de su personal, lo que nos permite personalizar nuestro servicio generando valor en beneficio de las metas y desarrollo de su personal.

Nos encontramos a sus órdenes en
Ventas: 55 4622 7778
ventas@solderh.com

Solicite una propuesta – inversión de nuestros Servicios In Company.

Las competencias o temas que le ofrecemos desarrollar a las medidas de sus necesidades son:

HABILIDADES GERENCIALES
DESARROLLO HIMANO
COMUNICACIÓN
SERVICIO AL CLIENTE
VENTAS
RECURSOS HUMANOS

 SOLDERH

QUIENES SOMOS   CURSOS   OTROS   SERVICIOS   CLIENTES   BLOG   CONTACTO

Capacitación

Todos nuestros cursos se basan en la metodología de competencias y técnicas de aprendizaje acelerado. Nos aseguramos que a través de dinámicas, videos y juegos de empresa; los participantes incorporen fácilmente nuevos comportamientos a través de vivencias lúdicas.

Temario de Cursos

Administración del Tiempo

Con este curso aprenderás a identificar tus prioridades y tomar decisiones para aprovechar tu tiempo eficientemente.

Adaptarse al Cambio en Momentos de Crisis

Desarrolla tu capacidad para adaptarte a los cambios y las exigencias del trabajo diario, aprovecha el cambio como una oportunidad de lograr los resultados que deseas

Liderazgo

Aprende a aplicar los distintos tipos de liderazgo dependiendo de la situación.

Negociación

Conviértete en un experto de la negociación efectiva, desarrolla tus habilidades y aprovéchalas al máximo en el mundo laboral.

Servicio al Cliente

Logra que el servicio trascienda y se convierta en una experiencia de alto valor que logre la fidelidad de tus clientes

Trabajo en Equipo

Logra transformar tus equipos de trabajo, en equipos de alto rendimiento para el cumplimiento de las metas en tu organización.

CAPÍTULO 11
RELATO
"DESARROLLO Y CRECIMIENTO"

El crecimiento de SOLDERH comenzó a darse de manera importante a partir de 2012.

Con el ingreso del personal de logística y de consultores era necesario establecer un Manual de Operaciones donde se establecieran a detalle los procesos y actividades principales del proceso de logística en una consultoría. El detalle en el proceso lo veremos en el próximo capítulo.

Había que establecer y documentar labores de administración, venta, elaboración de contenidos, impartición y logística.

Yo me encargaría de las labores de administración, venta y contenidos. Por la cantidad de cursos había que documentar y establecer procesos en la impartición éstos.

Se hizo una "Descripción de Puesto del Instructor" y también del Coordinador de Logística. Se establecieron las "Políticas del Instructor" (por proyecto) y el "Manual de Logística".

Conforme entraban proyectos nuevos se daba una formación interna a los instructores para que pudieran dar los cursos de la mejor calidad posible, también se les entrenaba en el armado de reportes y la forma de presentar los viáticos.

A la persona encargada de logística se le entrenó para llevar a cabo las funciones de reproducción de material y armado de maletas.

En 2002 iniciamos con un nuevo cliente y nuestra primera convención. Se trataba de una empresa encargada de distribuir esterilizante para equipo médico. La convención fue en Cancún y era para 30 personas. Para el evento trabajé con Oscar Ávila, con quien había laborado en Hipotecaria Nacional y acababa de salir de trabajar de Ned Herman Group. El evento consistía en llevar a cabo actividades de integración y combinar conceptos básicos dentro del aula. Fueron ocho horas de arduo trabajo, de las cuales cuatro fueron al aire libre y al rayo del sol. Al final, el evento fue un éxito y tanto Oscar como yo, acabamos muy contentos, pero muy cansados.

Ese año se vendieron cuatro módulos de capacitación con Financiamiento Progresemos y ya para entonces, a doce sucursales, porque esta financiera estaba creciendo rápidamente. Poco a poco estábamos aprendiendo más sobre la operación de microcréditos y aplicando su operación a nuestros cursos.

Pero, sin duda alguna, el mayor acontecimiento de 2012 fue haber cerrado nuestra primera venta con una de las más grandes empresas del país. Grupo México es una empresa minera especializada en obtener y transformar productos como cobre, zinc, oro y plata. Germán Larrea es el propietario de Grupo México, cuyo valor estimado es 15 mil millones de dólares. Es una empresa multinacional con varias minas y plantas tanto en México como en Perú y Estados Unidos. Cuenta con más de 20 mil empleados y cotiza en la Bolsa Mexicana de Valores.

El contacto se hizo con la Subdirección de Capacitación por medio de Arelí Fares. Grupo México tiene muy bien definidas sus competencias corporativas y a través de un DNC, se establece anualmente su "Calendario Corporativo de Capacitación".

SOLDERH comenzó a trabajar en el calendario corporativo para el segundo semestre de 2012 con los temas de: "Administración del Tiempo", "Servicio al Cliente" y "Negociación".

Siempre que hay un cliente nuevo yo me encargo de la impartición del primer curso para conocerlo mejor, así como sus políticas, su cultura de trabajo y el entorno de grupos. Posteriormente, hago la Formación Interna y lo delego a los demás instructores. Para dar mi primer curso, tuve que viajar a las minas que tiene Grupo México en Sonora. Impartir un curso en una mina es una experiencia completamente nueva y diferente, pero a la vez fascinante. Para llegar a la mina de Cananea, hay que tomar un vuelo a Hermosillo, de tres horas, aproximadamente. Posteriormente, un chofer me trasladó en una camioneta por cinco horas, en las que atravesamos el estado y cruzamos la sierra. Ese día sólo es de traslado.

El Jefe de Capacitación pasó por mí y en su camioneta me llevó del hotel a la sala de capacitación que está dentro de la mina. Para ingresar a ésta hay estrictos controles seguridad, como el uso de chaleco, casco y botas de seguridad. Una propiedad minera es un complejo enorme de varios cientos de kilómetros cuadrados y para trasladarse de una zona a otra hay que hacerlo en camioneta. Las instalaciones son prefabricadas y de un solo piso. Las salas son amplias y tienen todos los servicios. Al terminar el curso del día, un chofer de la compañía me trasladó a otra propiedad minera cercana (generalmente a una hora de distancia) para dar curso al día siguiente.

Hay minas como la de "La Caridad", que se encuentran en plena sierra y a media hora de Nacozari. Ahí había que hospedarse dentro de una "colonia minera". Una colonia es un pequeño poblado que cuenta con casas prefabricadas para los empleados, comedor, escuela, instalaciones deportivas, minisúper y cuartos de hospedaje para externos (como era mi caso). Es decir, es un minipueblo donde viven los empleados.

Ese mismo año cerramos el año impartiendo cursos para Canon. Para fin de año ya éramos siete personas trabajando en SOLDERH. Ese mismo año cerramos nuestra primera cena de fin de año, donde, además, se dieron regalos y se rifó un viaje.

El 2013 implicó más cursos con Canon, Progresemos y Grupo México. Como mencionamos en el capítulo 9, lo más difícil es la primera venta, posteriormente, cuando el cliente ya conoce tu trabajo y el de tus instructores, las siguientes ventas se dan una manera más sencilla. Los reportes y resultados de los cursos son claves, ya que muestran áreas de oportunidad más específicas y de ahí surgen nuevas mejoras que se convierten en cursos más específicos. Tal es el caso de Financiamiento Progresemos que de un curso de servicio al cliente, se dio una segunda parte, el cual abarcó temas más específicos y se corrigió donde se había fallado en el primer curso. Posteriormente de esos cursos salieron otros más específicos con temas de "Cobranza" y de "Manejo de Quejas". El 2013 implicó nuestro primer año en el que se superaba el millón de pesos en ventas.

Los siguientes tres años siguieron siendo buenos y de manera ascendente. Conservamos a nuestros clientes anteriores como Canon, Progresemos y Grupo México. Comenzamos a trabajar con una empresa de logística en Querétaro y abrimos una oficina en ese estado. En ese periodo de tiempo ingresaron una contadora, cuatro instructores y dos "Coordinadores de Logística". Con Progresemos se crearon dos programas modulares de diez cursos cada uno, uno para el personal de sucursales y el otro para los "Jefes de Sucursal" y gerentes del corporativo" en México. Progresemos creció en cinco años de ocho a veintisiete sucursales, y por ende, fue un importante impulsor del crecimiento de SOLDERH.

Para 2017 se dejó de trabajar con Progresemos por una reestructura en la empresa. Además se habían completado todos los módulos de habilidades humanas y había poco más que ofrecer. Sin embargo, ese año se trabajó con dos nuevos clientes: Assden (fabricante de autopartes y refacciones para el sistema colectivo Metro) y la división de Infraestructura de Grupo México, la cual se encarga de extraer petróleo, gas y generar energía eléctrica (solo para autoconsumo en las minas y plantas de Grupo México).

En 2018 se recuperó a Progresemos con cursos especializados a sus puestos. Para ello hubo que hacer investigaciones en campo y de ahí crear un manual para, posteriormente la elaboración del curso. También se trabajó con otro cliente nuevo, Andellac, en la elaboración de un "Manual de Planeación Estratégica" para uno de sus clientes. Así mismo, con Grupo México se impartieron cursos de "Comunicación", de donde se sacaron varias campañas internas para mejorar y promover programas entre las comunidades y los mineros.

El 2019 fue un año en el que hubo menos ventas y un decrecimiento en relación a los años anteriores. Fue por esto que se empezó a trabajar en un nuevo esquema de negocio que abarcara tener un nuevo socio. A pesar de no ser un año tan bueno, 2019 sirvió como base para investigar, atraer y generar esquemas de cursos distintos a como se habían dado durante ocho años.

CAPACITACIÓN EFECTIVA

Primera Cena de Fin de Año
SOLDERH 2012

Evento de Integración
Grupo México

145

Curso: Administración del Tiempo
Cliente: Assden
en Cuidad de México

Curso: Dirección por Objetivos
Cliente: CLS
en Querétaro

CAPÍTULO 12
LOS PROTAGONISTAS DEL
PROCESO DE CAPACITACIÓN

En los capítulos pasados revisamos lo que se hace antes, durante y después de haberse impartido un curso.

Pero no hemos analizado a los protagonistas de este proceso. En este capítulo repasaremos el proceso de capacitación, tanto interno como externo.

Le llamamos interno cuando es la propia empresa la que organiza e imparte el curso.

El externo es cuando la empresa (ya sea por falta de tiempo o porque no tiene el expertise) contrata a una consultoría para que le desarrolle e imparta el curso, en este caso, la planeación del mismo la realizan ambas partes.

Cabe destacar que el proceso es el mismo, ya sea si la empresa es chica, mediana o grande o un corporativo multinacional. Lo que cambia son las funciones y actividades que tendrán los protagonistas del proceso.

1. EL PROCESO DE CAPACITACIÓN EN UNA EMPRESA

A continuación se presenta de manera general el proceso de capacitación en una empresa:

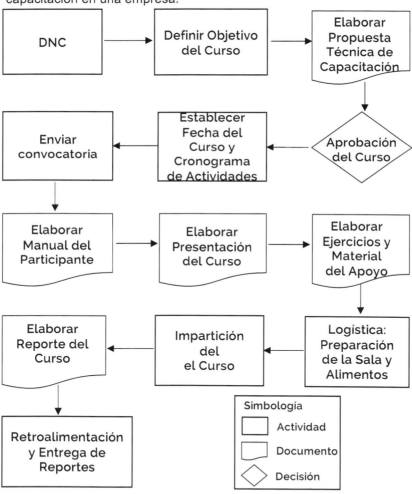

Primero, el área de capacitación diseña y aplica al personal el Diagnóstico de Necesidades de Capacitación (DNC). Posteriormente analiza los resultados y determina cuáles son los cursos que se tienen que llevar a cabo en un determinado periodo.

Lo siguiente es determinar los objetivos generales y específicos de cada curso que se va a impartir.

Después se presenta, ya sea a la Dirección de Recursos Humanos o Dirección General (si es una empresa chica) la Propuesta Técnica de Capacitación (antecedentes, objetivos, temario, inversión y logística).

Una vez presentada la propuesta se decide qué cursos se aprueban y cuáles no.

Inmediatamente después de la aprobación se establecen las fechas de cada curso. Éstas se confirman con los responsables de las áreas involucradas y si es necesario hacer cambios se hacen. Ya con las fechas definitivas se hace un cronograma de actividades para cada uno de los cursos.

Posteriormente se envía la convocatoria vía correo electrónico para informar a los participantes del curso. La convocatoria debe indicar el nombre del curso, la fecha, el horario, el lugar, los objetivos y el temario. Dependiendo la empresa hay cursos obligatorios y otros opcionales.

Después se elabora el Manual del Curso, el cual se elabora de acuerdo a lo establecido en la Propuesta Técnica de Capacitación. El manual es la base para elaborar la Presentación del Curso, que será más ilustrativa y resumida con respecto al manual. Caso seguido se hacen los ejercicios y materiales de apoyo del curso, se reproducen y se guardan en maletas para su transportación a la sala.

Días antes de la sesión se ve la parte de logística donde se consigue la sala del curso, así como el *coffee break* y los alimentos. El curso se puede llevar a cabo en instalaciones de la empresa o en un hotel.

El instructor que imparte el curso debe llegar 30 minutos antes para conectar su equipo e instalar su material. Posteriormente imparte el curso y al terminar recoge el material sobrante del mismo.

Al terminar el curso elabora un reporte y días posteriores se tiene una reunión en la que se entregan los reportes y se da retroalimentación de los resultados del mismo.

A continuación veremos a los protagonistas de este proceso, las actividades y los documentos que realizan.

A. Gerente de Capacitación

Es el responsable del área. Puede aparecer en empresas medianas, grandes y corporativos multinacionales. Le reporta al Director de Recursos Humanos. Dentro del proceso se encarga de:

- Diseñar el cuestionario del DNC.
- Establecer los objetivos del curso.
- Elaborar y presentar la Propuesta Técnica de Capacitación
- Establecer fecha.
- Recibe la retroalimentación del curso por parte del instructor.
- Verifica que todas las actividades del proceso se realicen correctamente.

Además, realiza otras actividades como:

- Presupuesto del área.
- Revisa con el responsable de Recursos Humanos los programas de capacitación que se llevarán a cabo en el año.
- Tiene reuniones con otras áreas de la empresa para ofrecerles los cursos internos y externos que se necesiten.

- Reuniones con su equipo de trabajo para llevar a cabo los cursos establecidos.
- Evalúa el desempeño de su equipo a cargo.
- Aprueba propuestas de capacitación de consultorías externas.

B. Instructor de Capacitación

Es el responsable de impartir los cursos de capacitación. Puede aparecer en cualquier tamaño de empresa. En una empresa chica le reporta al responsable de Recursos Humanos, en empresas medianas o grandes al Gerente de Capacitación. En una empresa chica realiza todas las actividades del proceso. En una empresa mediana o grande se encarga de:

- Elaborar el manual y presentación del curso.
- Elabora ejercicios y material de apoyo.
- Impartición de cursos.
- Elabora reportes de capacitación.
- Retroalimentación de los cursos.

Además realiza otras actividades, como:

- Asiste a reuniones con el Gerente de Capacitación y todo su equipo para revisar las actividades semanales del área.

- Investiga y aprende de las actividades y procesos internos de otras áreas para realizar nuevos cursos.
- Capacita y retroalimenta a su área de la operación de otras áreas de la empresa.

C. Analista de Capacitación

Es el responsable de llevar a cabo toda la información analítica, estadística y numérica de la capacitación. Este puesto generalmente solo existe en empresas grandes. Le reporta al Gerente de Capacitación. Dentro del proceso de capacitación se encarga de:

- Aplicar el DNC.
- Codificar los resultados de DNC.
- Elaborar el cronograma de actividades para un curso.

Además realiza otras actividades, como:

- Elaboración de reportes de los Programas de Capacitación.
- Elaboración de Reportes de Gastos del área.
- Calificar exámenes (si se aplican en los cursos).
- Asiste a reuniones con el Gerente de Capacitación y todo su equipo para revisar las actividades semanales del área.

D. Coordinador o Asistente de Capacitación

Es el responsable de ejecutar las actividades de logística. Este puesto generalmente solo existe en empresas medianas y grandes. Le reporta al Gerente de Capacitación. Dentro del proceso de capacitación se encarga de:

- Enviar la convocatoria de los cursos.
- Imprimir y armar el material de apoyo de un curso.
- Preparación de la sala, los alimentos y el *coffee break*.

Además realiza otras actividades, como:

- Imprimir los cuestionarios de DNC.
- Aplicar los cuestionarios (si no hay un analista).
- Elaboración e impresión de diplomas o constancias.
- Tomar llamadas del área.
- Investigar y tomar presupuestos.
- Resguardo y archivo del material de capacitación:
  - Manuales y Presentaciones.
  - Listas de Asistencia y Reportes.
  - Evaluaciones y Exámenes.
  - Facturas de Gastos.
- Asiste a reuniones con el Gerente de Capacitación y todo su equipo para revisar las actividades del área.

2. EL PROCESO DE CAPACITACIÓN EN UNA CONSULTORÍA

A continuación se presenta de manera general el proceso de capacitación en una empresa:

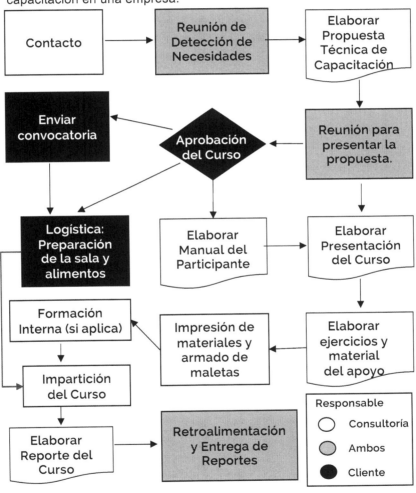

Primero se tiene contacto con el prospecto o cliente. Prospecto si nunca se ha trabajado con él y cliente si ya se ha trabajado previamente. Este contacto se tiene por medio de una llamada telefónica y se agenda una cita.

Durante la cita se analizan los antecedentes y problemas que tiene la empresa y se detectan necesidades para determinar cuáles son las competencias que se tienen que desarrollar.

Con la información recabada durante la reunión de detección de necesidades se hace una Propuesta Técnica de Capacitación (antecedentes, objetivos, metodología, temario, condiciones generales e inversión).

Se tiene una segunda reunión con el cliente o prospecto y se presenta la propuesta terminada. Si hay cambios o correcciones se vuelve a ajustar la propuesta hasta que quede terminada.

Posteriormente se aprueba el curso, se firma la propuesta, así como un contrato u orden de servicio.

Una vez aprobado el curso, el cliente es responsable de enviar la convocatoria así como de la logística en cuanto a la sede y alimentos.

Mientras tanto, la consultoría se encarga de elaborar el Manual del Participante conforme a lo establecido en la Propuesta Técnica de Capacitación.

Del manual se elabora la presentación del curso y posteriormente, los ejercicios y el material de apoyo.

Después se imprimen todos los materiales y se hace el armado de maletas para la transportación de los mismos hacia la sede del curso.

Si el curso lo van a dar varios instructores se hace una "Formación Interna". Ésta es una sesión de entrenamiento del curso con el fin para capacitar a los instructores sobre cómo deben impartir el curso.

Posteriormente se desarrolla el curso. Para ello se recomienda que el instructor llegue 30 minutos antes la sesión para conectar su equipo. Posteriormente imparte el curso y al terminar recoge el material sobrante del mismo.

Al finalizar el curso elabora un reporte del mismo y días posteriores se tiene una reunión donde se entrega el reporte y da retroalimentación de los resultados del mismo.

A continuación veremos a los protagonistas de este proceso, las actividades y los documentos que realizan.

A. Consultor

Su labor es muy completa, es una especialista en:

- Detección de necesidades.
- Elaboración de contenidos.
- Logística.
- Impartición de curso.
- Retroalimentación.

En las consultorías pequeñas se encarga de hacer todas las actividades del proceso. En una consultoría grande se especializa en la elaboración de contenidos e impartición de cursos.

El consultor debe de tener una gran adaptabilidad para ajustarse a diversas formas de trabajo con cada cliente. También debe leer y actualizarse constantemente en temas nuevos de capacitación.

B. Gerente de Ventas

Su labor es la de vender cursos y atraer nuevos clientes. En una consultoría grande le reporta el director de la misma.

Dentro del proceso se encarga de:

- Contacto con el prospecto o cliente.
- Reunión para detección de necesidades.
- Elaborar Propuesta Técnica de Capacitación.
- Reunión para presentar la propuesta.
- Impartición de cursos (lo hace esporádicamente).
- Retroalimentación y entrega de reportes con el cliente.

Además realiza otras actividades, como:

- Prospección.
- Firma de propuestas y contratos.
- Reunión con el Gerente de Contenidos para aterrizar la propuesta a un contenido.
- Realiza un resumen de todos los cursos en un periodo para retroalimentar al cliente.
- Elabora Reporte de Ventas.

C. Gerente de Contenidos

Su labor es crear los contenidos de los cursos. En una consultoría grande puede tener un grupo de consultores que le reporten y le ayuden a generar los contenidos. Le reporta al Director de la Consultoría. Dentro del proceso se encarga de:

- Elaboración de Manuales del Participante.
- Elaboración de presentaciones de los cursos.
- Elaboración de ejercicios y material de apoyo.
- Impartición de cursos (lo hace esporádicamente).
- Es el encargado de llevar a cabo la Formación Interna.

Además realiza otras actividades, como:
- Leer e investigar ya sea libros, artículos en internet o revistas.
- Acompañar al Gerente de Ventas a reuniones con clientes.
- Elaboración y prueba de dinámicas grupales.
- Elaboración de "Checklist de Materiales" para un curso.
- Reunión con el Gerente de Ventas y los consultores para medir la efectividad de los contenidos.

D. Instructor Freelance

Es un especialista en la impartición de cursos. El *freelance* es externo a la consultoría. No está en la nómina y se le paga por curso impartido. Le reporta al "Líder del Proyecto", generalmente (Gerente de Ventas). Dentro del proceso se encarga de:

- Recibir la formación interna.
- Impartición de Cursos.
- Elaboración de Reportes.

Además realiza otras actividades, como:

- Elaboración de Reporte de Viáticos (si el curso fue en otra cuidad).
- Reunión con el Gerente de Ventas para retroalimentación de los cursos que impartió.

D. Coordinador de Logística

Es un responsable en coordinar todos los cursos que se han contratado, tanto en la parte de viáticos como la de materiales. En una consultoría grande le reporta al Gerente de Contenidos. Dentro del proceso se encarga de:

- Impresión de materiales y armado de maletas.

Además realiza otras actividades como:

- Enviar la programación de cursos a consultores.
- Enviar invitación de cursos e instructores *freelance*.
- Reservaciones de hotel.
- Comprar boletos de avión.

- Compra de materiales e insumos para los cursos del periodo.
- Recepción de entrega de material después de un curso.
- Revisión de reportes de viáticos.

E. Director

Es el responsable de los resultados de la consultoría. A él le reportan el Gerente de Ventas y el Gerente de Contenidos. Se encarga de supervisar todas las actividades del proceso. Un Director en un inicio debió haber sido consultor.

Además realiza otras actividades, como:
- Establecimiento de objetivos y metas.
- Elaboración del Plan de Negocio (anual).
- Proyección de Ingresos.
- Presupuesto de Gastos.
- Supervisión y pago al personal interno y externo.
- Pago a proveedores.
- Supervisar al Gerente de Ventas para el cobro de facturas.
- Crear y planear nuevos esquemas de negocio.

En Hunter Asesores somos especialistas en la definición del mensaje central de campaña, basado en lineamientos semióticos que llegan a las emociones de las personas.

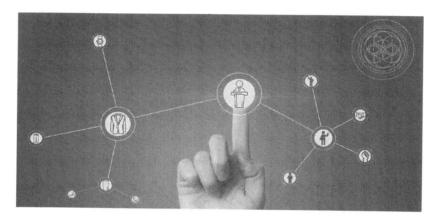

Ofrecemos servicios para:
• Campañas Políticas
• Gobiernos
• Partidos Políticos

www.hunterasesores.com

CAPÍTULO 13
RELATO
"EVOLUCIONADO HACIA UN NUEVO FUTURO"

El 2019 estaba siendo un año complicado porque analizando la situación me di cuenta que había que evolucionar en el esquema de negocio.

Durante ocho años, SOLDERH se había especializado en impartir cursos a empresas, nunca lo habíamos hecho a personas físicas. Varios años analicé la posibilidad de impartir cursos abiertos (a personas físicas). Sin embargo, todas las complicaciones de logística y falta de tiempo me hicieron desistir de esa idea.

En ese año, el mercado y las circunstancias ya no eran las mismas. Fue por ello que decidí abrir este nuevo esquema de negocio. Sin embargo, esto no podría hacerlo solo o con el personal que tenía. Necesitaba a una persona visionaria, experta en marketing y a un equipo experto en comunicación y diseño. Fue así que me asocié con la empresa Hunter Asesores, la cual me ayudaría a crear y aterrizar este esquema de capacitación de cursos a nivel individual.

Como primer paso había que actualizar la página de internet, la cual ya era obsoleta y no se le había dado mantenimiento desde hacía ocho años. Se cambió de plataforma y se volvió a montar con los menús previos.

Posteriormente y para refrescar la página se decidió hacerle algunas modificaciones tenues al logo. Se cambió el tono verde olivo por el verde bandera y se estilizaron las líneas de arriba y abajo del logo.

Antes del cambio de imagen ya se contaban con las secciones de: Quiénes Somos, Cursos, Otros Servicios, Clientes y Contacto.

Antes de comenzar a realizar cambios en la página se hizo un Estudio de Mercado y un primer Análisis de la Competencia. Hunter Asesores se encargó de hacer el Estudio de Mercado y ver las preferencias de la gente que tomaba cursos de manera individual. Yo por mi parte, me encargué de analizar páginas de otras consultorías y ver qué es lo que ofrecían. Estos estudios me ayudaron a clarificar mi mente, a tomar nuevas ideas y aplicar lo que necesitara.

De los resultados de estos dos estudios se tomó la decisión con el nuevo esquema de negocio de agregar la sección de: Blog y Fotos de los cursos. Los blogs son artículos que hablan sobre un tema relacionado con los cursos que se ofrecen.

La sección de Cursos se subdividió en dos secciones: "Cursos In Company" (a empresas) y "Abiertos" (a personas). La sección de "Cursos In Company" muestra las competencias que se pueden desarrollar para darle a un cliente un curso a la medida.

La sección de "Cursos Abiertos" contaba con un listado gráfico de cursos y en cada uno, al darle click, aparecía los objetivos, el temario y las competencias a desarrollar.

Sin embargo, el cambio más importante no se había dado: era necesario convertir la página en una "Tienda en Línea para asegurar el pago de un curso por adelantado. Uno de los principales problemas es que desgraciadamente en México se dejan las cosas a última hora y se cancelan. Para los cursos individuales no es la excepción. Primero, SOLDERH debe invertir en una sala y los servicios de *coffee break* y alimentos, por lo que no puede arriesgarse a que se inscriban quince personas a un curso y solo asistan tres. Es por ello que este sistema de tienda asegura el pago anticipando de las personas que se inscriben. Para convertir SOLDERH en una tienda utilizamos el sistema de pago "PayPal" o el pago vía transferencia electrónica. En caso de que el número de participantes sea inferior el mínimo para recuperar la inversión, se le devuelve su dinero a la persona inscrita.

Una vez concluido el *website* se hizo una página de SOLDERH en *Facebook* y otra en *LinkedIn*. Las dos se hicieron con una mecánica similar a la página principal en internet y ambas tienen un link a la tienda en línea.

Así pues, en 2020 estábamos listos para impartir nuestro primer curso abierto cuando nos alcanzó la contingencia por el Covid-19. Eso detuvo toda nuestra operación y el curso tuvo que ser pospuesto. Al pasar las semanas, ver que la situación no mejoraba y darnos cuenta de la cantidad de webinars que se estaban dando, se decidió crear otro nuevo esquema de negocio en conjunto con Hunter Asesores.

Fue así que se determinó crear la división de cursos en línea. Para ello, lo primero que hicimos fue volver a hacer un estudio de mercado. El estudio determinó que el público que compra cursos en línea es distinto al que asiste presencialmente a un cuso. Es más joven, tiene diferentes intereses y diferentes ingresos económicos.

Como resultado de la investigación era necesario hacer una reestructura y cambio de imagen que se adecuara a los tres tipos de clientes que de ahora en adelante tuviera SOLDERH: para los cursos *In Company*, dirigidos a empresas con un alto presupuesto; para los Cursos Abiertos, enfocados en personas maduras de edad media (con ingresos medios y altos), y finalmente, para los Cursos en Línea, enfocados en personas jóvenes de ingresos medios y bajos.

Fue así como primero se hizo un trabajo para determinar la "identidad de marca" de SOLDERH. Para definir esta identidad de marca se hace un "Estudio Semiótico" con arquetipos. El arquetipo es la imagen simbólica que hace referencia a patrones emocionales o conductuales que se quedan grabados en el inconsciente. Se hizo una relación entre la personalidad de la marca y los tres tipos de público a los que SOLDERH va dirigido, y de ahí se constituyó la Figura Simbólica de la marca dando paso final a la Personalidad de la Marca. En ésta, se definen los colores que debe de tener el logo y todo lo referente a su imagen. Posteriormente, a través del proceso de "Ruta de Significación", se genera la "Identidad de Marca".

Ya con una Identidad de Marca se hizo un boceto del logo y luego se probó su aceptación en un *Focus Group* (grupo diverso de personas que expresan sus impresiones visuales del logo). Después se hacen correcciones al logo y se vuelve a evaluar en otro *Focus Group*. Este proceso se repite varias veces hasta que queda el logo definitivo.

Con el logo terminado se hace un "Manual de Identidad Gráfica". Este manual indica todos los usos permitidos y no permitidos que se le pueden dar al logo y sus colores, cómo aplicarlos en hojas membretadas, presentaciones, manuales, videos, páginas web y tarjetas de presentación.

A partir de ahí se aplica toda a imagen nueva a todos los archivos electrónicos, documentos físicos, cursos, correo electrónico y páginas de internet.

Con la nueva imagen lista se hizo otro Análisis de la Competencia, pero éste ahora estuvo enfocado únicamente en las empresas que ofrecen cursos en línea. Durante este análisis se observaron fortalezas y áreas de mejora de cada página que se analizó. Se determinó que actualmente hay varias maneras de subir cursos en línea y de distintas cualidades. Se tomaron las mejores ideas, se determinó la estructura, la forma de llevarlo a cabo, la duración y el costo de los mismos. Son pocas las consultorías en Recursos Humanos que ofrecen cursos en línea.

SOLDERH, en la mayoría de sus cursos, emplea la metodología del aprendizaje acelerado a través de dinámicas. Sin embargo, implementar esta metodología en cursos en línea implica todo un reto. Finalmente, haciendo muchas adecuaciones a dinámicas, con muchas horas de trabajo y pruebas, esto se pudo hacer realidad.

Actualmente, SOLDERH es la primera consultoría mexicana en Recursos Humanos con metodología de aprendizaje acelerado en ofrecer los tres esquemas de capacitación: *Cursos In Company*, Cursos Abiertos y Cursos en Línea.

**Logo Inicial
de SOLDERH**

QUIENES SOMOS   CURSOS   OTROS   SERVICIOS   CLIENTES   BLOG   CONTACTO

"Curso Adaptarse al Cambio en Momentos de Crisis | 19 de Septiembre 2020" se ha añadido a tu carrito

Seguir comprando

TIPS PARA...

¡No te estreses! Adáptate al Cambio en este Momento de Crisis

Producto	Precio	Cantidad	Subtotal
Curso Adaptarse al Cambio en Momentos de Crisis	19 de Septiembre 2020	$1,715.52	1	$1,715.52 (sin impuestos)

Administrar Mejor Mi Tiempo

Ser un buen líder

ACTUALIZAR CARRITO

**Tienda en Línea
Curso Abierto: Adaptabilidad al Cambio en Tiempos de Crisis**

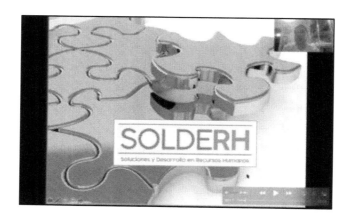

Primer Curso en Linea
Curso Piloto
SOLDERH 2020

Logo Actual
de SOLDERH

CAPÍTULO 14
CAPACITACIÓN A DISTANCIA

En los capítulos previos vimos a detalle todo el proceso de capacitación presencial, lo que se hace antes, durante y después de un curso. También vimos cómo se organiza y se ejecuta la capacitación, tanto de adentro de una empresa como desde afuera por medio de una consultoría externa. Finalmente, vimos las funciones que tienen cada uno de los puestos de capacitación, tanto en una empresa como en una consultoría.

Ahora, en este último capítulo, abordaremos el tema de la capacitación a distancia, su definición, su historia, los beneficios que ofrece, sus limitaciones, los cursos en línea tanto para empresas como a personas, para culminar con el diseño y su forma de impartición.

Podemos definir la capacitación a distancia como:

"La capacitación que se realiza de manera virtual por medio de una herramienta, donde el participante se encuentra en un lugar distinto al instructor".

Normalmente, la herramienta que comunica al instructor es una computadora con un *software* especial para poder llevar a cabo una capacitación.

1. HISTORIA

La historia de la capacitación a distancia va ligada estrechamente al desarrollo de la tecnología. Uno podría pensar que solo se puede dar capacitación a distancia con una computadora, pero no siempre fue así.

A. Enseñanza por Correspondencia

Comenzó en el siglo XIX en la Gran Bretaña, donde se daban cursos de oficios por correspondencia. A finales del siglo XIX y principios del siglo XX se empezó a incorporar en algunas universidades de los Estados Unidos, como la de Chicago y Calvert, en Baltimore. Para 1930 ya eran 39 universidades que ofrecían cursos a distancia.

B. Enseñanza Multimedia

Su auge fue durante las décadas de los 60 y 70. Surge en 1960 a partir de la Open University Británica. Aparece el instructor, el cual interviene como mediador entre el participante y el material de enseñanza. Durante esta etapa se empleaban medios de comunicación como el teléfono, la televisión, la radio, los audiocasettes y videocasettes. Durante esta etapa, a nivel docencia, se empezó a desarrollar por todo el mundo la Educación a Distancia en universidades.

C. Enseñanza Telemática

Se aplica el uso de las tecnologías de la información y la comunicación. En 1970 se integró el uso de la computadora. En 1980 se integraron las telecomunicaciones y surgieron las videoconferencias y la formación a distancia interactiva, donde se comunicaban en vivo el instructor y los participantes. Se daban cursos asistidos con el CD-ROM. En 1989 nació la *World Wide Web* (www) internet. Comenzaron a darse los primeros cursos por computadora de manera directa.

B. Entornos Virtuales de Aprendizaje

Se dan en los años 90 con la expansión del internet y surge el *e-learning* como lo conocemos el día de hoy. Se crean grupos virtuales donde el instructor y cada participante se encuentran en distintos lugares. En 1994 surgen las universidades virtuales. Conforme pasan los años se emplean mejores *softwares* para impartir cursos, ya sea grabados o en vivo y con calidad de imagen de alta resolución. En un inicio, los programas para transmitir *e-learning* eran limitados y costosos. Actualmente hay páginas que ofrecen servicios a costos muy accesibles y con una buena calidad de imagen. Además, ahora, las plataformas permiten elaborar exámenes y desplegar reconocimientos personalizados al final de una sesión.

2. BENEFICIOS

En general, las personas están más ocupadas y la tecnología ha logrado avances masivos, por lo que el aprendizaje en línea se está convirtiendo en una opción mucho más atractiva cuando se trata de desarrollo personal y profesional.

- **Rentabilidad**

  Con la capacitación en línea, sus empleados pueden acceder a los cursos en cualquier lugar, brindando comodidad y ahorrando dinero. Otra ventaja es que es probable encontrar precios reducidos al formar grandes grupos de empleados, lo que permitirá mayores ahorros. Con los cursos en línea se pueden ahorrar costos por traslados.

- **Tiempo**

  Los cursos en línea, además de dinero, ahorran tiempo a los participantes, ya que no se tienen que desplazar de su lugar de trabajo al aula. Además, los cursos en línea generalmente son más reducidos en tiempo. Un curso *por e-learning* que dure más de dos horas se vuelve cansado y tedioso.

- **Consistencia**

  No importa cuántos empleados se tengan, los cursos de capacitación en línea brindan el mismo contenido para todos.

- **Variabilidad**

No todos los empleados necesitarán la misma capacitación al mismo tiempo. Invertir en capacitación en línea da la oportunidad y la flexibilidad para adaptar especialmente el desarrollo profesional de cada empleado. También ayuda a la retención del personal, ya que los empleados estarán contentos de que se esté invirtiendo tiempo, dinero e interés en su capacitación.

- **Inmediatez**

Después de completar un curso en línea, los empleados recibirán resultados inmediatos y comentarios sobre su desempeño. Los usuarios también pueden hacer un seguimiento de su progreso y revisar las áreas de malentendidos antes de completar la evaluación. Además, la mayoría de los cursos de capacitación en línea brindan un certificado de finalización.

- **Material atractivo**

Los cursos interactivos en línea proporcionarán a sus alumnos el aprendizaje activo, lo que les ayudará a aumentar la retención de material del curso. Los cursos en línea se apoyan de materiales audiovisuales como el video, el cual facilita el aprendizaje por medio de los sentidos.

3. LIMITACIONES

Así como tiene sus beneficios, la capacitación a distancia tiene sus limitaciones. Algunas de ellas son:

*   **Incompatibles para ciertos cursos**

    No todos los cursos son útiles por medio de la comunicación a distancia. El desarrollo de habilidades humanas requiere de práctica. Por ejemplo, no es útil aprender un curso de manejo por *e-learning*. Lo mejor es tomar clases presenciales y practicar manejando con un instructor.

*   **Impersonal**

    Recibir una educación en una clase tradicional es una actividad que pasa dentro de un contexto social. Interactuar con otras personas no es algo central en un Curso *Online*. Algunas personas necesitan absolutamente un instructor para aprender una materia nueva.

*   **Aprender de una pantalla de computadora**

    Aprender de una computadora por horas, sin recesos, puede causar disminución en la visión, lesiones por cansancio y problemas en la espalda. Además, algunos temas requieren práctica y no pueden ser enseñados simplemente con lecciones online.

- **Se requiere mucha disciplina**

  Si los participantes no tienen autodisciplina es muy poco probable que estén motivados para completar sus Cursos *Online*. No hay nadie que les diga que tienen que sentarse y comenzar con sus estudios.

En conclusión, los Cursos *Online* son una novedad en el mundo educativo. ¿Pero van a reemplazar a la educación tradicional? No. Los Cursos *Online* no están hechos para todas las personas o estudios. Sin embargo, los Cursos en Línea son muy efectivos para capacitación de tipo informativa, cursos de inducción o cursos muy específicos. La educación tradicional va a existir de todos modos, pero la educación Online se hará más y más presente en nuestras vidas cotidianas.

4. CURSOS IN COMPANY EN LÍNEA

Como ya vimos anteriormente, los *Cursos In Company* son los que van dirigidos a grupos cerrados dentro de una empresa.

Cada día son más las empresas que invierten en cursos de *e-learning*. Todo depende del tamaño de la empresa, sus necesidades de capacitación y de su presupuesto.

En la actualidad hay un gran número de plataformas y páginas de internet especializadas para brindar el servicio que cada empresa necesita.

A continuación veremos algunas plataformas y páginas de internet que se utilizan para dar Cursos In Company en línea:

- **SAP**

  Es una de las plataformas de negocios para empresas más completa en el mundo. Sirve para automatizar procesos y en las distintas áreas de una compañía. Si la empresa lo desea, el proveedor de SAP le genera un módulo de *e-learning* a la empresa. El costo de esta plataforma es muy alto, generalmente lo utilizan corporaciones multinacionales. El módulo *de e-learning* es uno de los muchos que ofrece esta plataforma.

- **Moodle**

  Es una de las plataformas más extendidas a nivel mundial, siendo la opción escogida por la mayor cantidad de universidades. Ofrece un gran número de funcionalidades y posibilidades. Su costo depende de las necesidades del proyecto y la cantidad de opciones que se le configuren. Puede ser utilizada tanto para la modalidad *e-learning* como para complementar el aprendizaje presencial.

- **Chamilo**

  Es un LMS (Learning Method Sistem) *fork* de Dokeos, que incluye funciones sociales (chat, mensajería y grupos de trabajo) de forma más eficiente y sencilla que Moodle. Las exigencias técnicas son también más bajas y tanto su curva de aprendizaje como su interfaz, son más amigables. Hace un mejor uso de los elementos gráficos, utilizando íconos que hacen más intuitiva la experiencia de uso. Tiene un costo alto, pero más accesible que las dos anteriores.

- **WordPress**

  WordPress, el CMS con el que están realizados el 26% de los sitios web del mundo y que da soporte al 30% de los comercios electrónicos, ha desarrollado en estos últimos años soluciones de LMS de bastante calidad. Proporciona una total adaptación y trasparencia con la imagen corporativa, ya que nunca se sale del sitio web. El mantenimiento, incluso, puede ser llevado con facilidad por el personal de la organización, con una formación mucho menos costosa y de una curva de aprendizaje mucho más rápida. Su costo es de medio a alto y funcional para empresas medianas y grandes.

- **Hotmart**

  Es una página que ofrece espacio para venta productos en línea.

Es una página que tiene un costo muy bajo y es funcional para empresas pequeñas de menos de 50 empleados. La ventaja de esta página es que se paga mensualmente y hay varios planes que van aumentando conforme al número de cursos y de participantes. No es muy fácil de usar aunque sí es muy interactiva.

- **Zoom**

Es una aplicación sencilla que sirve para realizar reuniones. Puede ser utilizada para brindar una capacitación sencilla a distancia dentro de empresas. Su principal limitante es que no tiene sistemas de medición como exámenes ni se pueden descargar archivos. Sólo funciona para capacitación de cursos en vivo. Se paga una mensualidad a un bajo costo. Puede ser útil empresas medianas y pequeñas.

- **Webex**

Al igual que Zoom, es una aplicación que sirve para realizar reuniones. Puede ser utilizada para brindar una capacitación a distancia dentro de las empresas. Tampoco cuenta con sistemas de medición ni se pueden descargar archivos. Está limitada a la calidad del ancho de banda del internet. Sólo funciona para capacitación de cursos en vivo. Se pagan mensualidades a bajo costo. Es útil en empresas medianas y pequeñas.

5. CURSOS ABIERTOS EN LÍNEA

Como ya vimos anteriormente, los cursos abiertos son los que van dirigidos a cualquier persona que quiera recibir capacitación.

Cada día son más las personas que dedican su tiempo a tomar Cursos Abiertos *Online*. En la actualidad hay una gran cantidad de cursos en línea, así como una gran variedad de páginas que los ofrecen. Las más comunes son:

*   **Udemy**

    Es una de las principales páginas de Cursos Online en el mundo. Se caracteriza por la gran variedad de cursos que ofrece. Los costos son en general bastante accesibles. Tiene un esquema similar al de UBER (software para el servicio de taxis), ya que le ofrece al instructor promocionar su curso en la página a cambio de que éste diseñe el curso y lo imparta, ambas partes se reparten el 50% de las ventas por cada curso. La calidad de los cursos es muy variable, ya que depende del diseño y la habilidad de impartición que tenga cada instructor. El principal atributo es que se puede encontrar casi cualquier curso a bajo costo.

*   **Doméstika**

    Es una página especializada en cursos de diseño, fotografía, ventas y marketing. El costo por curso es medio, pero la calidad de sus contenidos es alta. Es una página interactiva que maneja cursos didácticos y prácticos. Le faltan más temas y opciones para la parte de Desarrollo Humano.

- **Yeira**

  Es una página sencilla que ofrece cursos de buena calidad. Los costos son accesibles, pero falta más variedad con respecto a temas.

- **GoConqr**

  Plataforma que ofrece espacio para diseñar cursos *e-learning*, exámenes y ejercicios. Está más enfocada en la parte estudiantil que en la profesional. Cuenta con una red de usuarios tipo *Facebook*. En esta página se pueden crear cursos, mapas mentales, notas, evaluaciones, diagramas. Es de bajo costo, aunque su uso es más para fines estudiantiles y académicos. El diseño de la página es atractivo y de fácil uso.

6. DISEÑO E IMPARTICIÓN

Se recomienda utilizar el sistema de capacitación en línea para cursos de tipo informativos, referentes a un puesto, políticas o procedimientos. No se recomienda usar cursos en línea para desarrollar habilidades humanas, para eso son los presenciales.

A diferencia de los cursos presenciales, la capacitación a distancia pasa por las dos etapas: Preparación y Participación en Línea.

A. Preparación

Si el curso es *In company* es necesario hacer primero un DNC y luego una propuesta técnica de capacitación, una vez sea aprobado. Se recomienda que un curso en línea no dure más de dos horas.

a) En vivo

Si el curso es en vivo se hace un manual para que pueda ser descargado por el participante y se hace una presentación que servirá como material del apoyo. Si el curso tiene videos, se recomienda estén linkeados a la presentación. Como el curso es virtual, los apoyos electrónicos deberán subirse a la plataforma que se tenga para que el participante pueda utilizarlos. Se recomienda aplicar un examen, ya sea al final de cada módulo o al final del curso.

Para aplicar todo lo anterior hay que dominar el uso de la página o plataforma en la que se está trabajando. En caso de no ser así, es necesario el apoyo de una persona de soporte técnico, sistemas o del proveedor de la herramienta.

b. Grabado

Si el curso es grabado también se hace un manual para que pueda ser descargado por el participante y se hace una presentación, que servirá como material del apoyo. Sin embargo, la labor es más compleja, ya que se deben grabar con una cámara, tanto al instructor como la presentación que explica al momento. Esto como si se grabara la película de un curso. Hay que ir grabando los módulos por separado y si hay errores o fallas, es necesario editar el video grabado. Al final, el curso estará compuesto por los módulos grabados. Se recomienda que cada módulo grabado no exceda los 10 minutos. Si se presentan videos hay que linkearlos a la presentación. Los apoyos electrónicos deberán subirse a la plataforma. Se recomienda aplicar una evaluación para medir el aprendizaje.

Para aplicar todo esto hay que dominar el uso de la página o plataforma, encuadrarse bien en cámara y saber manejar un programa de edición de videos. Si la producción del curso es de alta calidad será necesario el apoyo de personal especializado en multimedia para la grabación y edición.

B. Participación en Línea

Si el curso *es In Company,* tomarlo puede ser opcional o puede ser obligatorio. Dentro de una empresa, si el curso es obligatorio, la convocatoria al mismo establece una fecha límite para tomarlo. Si el curso es abierto, el participante se inscribe, llena un formulario y paga en línea (también hay cursos gratuitos).

a) En vivo

Si el curso es en vivo, al participante le llega una invitación con un link para poder acceder a la sesión y entrar al curso. Normalmente, durante la sesión, el instructor le pide al grupo tener los micrófonos desconectados de sus computadores mientras da sus explicaciones, para evitar que entre algún sonido que interrumpa o distraiga a todos. La sesiones de preguntas y respuestas se pueden dar por chat o al final de cada módulo, donde el instructor da la indicación a los participantes que abran sus micrófonos. La ventaja de este tipo de sesiones es que pueden entrar un gran número de personas al mismo tiempo. La desventaja prinicipal es que es difícil atender todas las preguntas. A las sesiones cortas que se realizan en vivo y no exceden la hora se les denomina *webinars.* Al final de la sesión se puede aplicar un examen por medio de la plataforma y el sistema descarga el reconocimiento personalizado del participante.

b) Grabado

Si el curso es grabado, el participante ingresa al sistema o página y entra al curso. Le dará reproducir a cada uno de los módulos o si el curso no tiene video, leerá los textos de cada módulo. Hay cursos cuyos videos están linkeados a *YouTube* y la página da el acceso por medio de un link. La ventaja de este tipo de capacitación es que si el participante se distrajo o no entendió un concepto podrá ponerle pausa al video, regresarlo y repetir la explicación. Un curso grabado tiene la ventaja de que puede tomarse a cualquier hora y en cualquier lugar. Al final de la sesión se puede aplicar un examen por medio de la plataforma y el sistema descarga el reconocimiento personalizado del participante.

 SOLDERH QUIENES SOMOS   CURSOS   OTROS   SERVICIOS   CLIENTES   BLOG   CONTACTO

Otros Servicios

Integración & Team Building

Gran variedad de dinámicas outdoor para eventos y convenciones. Consultores expertos en eventos masivos que van desde 50 hasta 2000 personas. Estas dinámicas promueven el trabajo en equipo y la integración de personas.

Reclutamiento de Personal

Contamos con un equipo de reclutadores especializado y capacitado que te ayudará a seleccionar al personal de acuerdo que se ajuste al perfil que necesitas para tu empresa.

Clima Organizacional

Elaboramos, administramos y te entregamos un análisis del clima laboral, por medio de encuesta de carácter cualitativo y cuantitativo.

Evaluaciones Desempeño 360

Ofrecemos soluciones para mejorar el desempeño de tus empleados, a través de una evaluación que alinea la descripción de puestos con la misión y objetivos de la empresa.

Pleaneación Estratégica

Te apoyamos a definir cuál es la muisión, visión y valores institucionales de tu organización. Te ayudamos a establecer los objetivos principales de la organización, así como la planeación táctica y operativa para aterrizar los objetivos en estrategias y acciones a mandos medios y operativos de tu empresa.

Descripción de Puestos

Te ayudamos a definir las competencias requeridas para diseñar las descripciones de puesto que tu empresa necesita..

QUIENES SOMOS   CURSOS   OTROS   SERVICIOS   CLIENTES   BLOG   CONTACTO

Contacto

Contamos con 2 oficinas:

SOLDERH QUERÉTARO
Via Catania 18 Int 35. Col. Villa Catania.
El Marqués, Qro C.P. 76246

SOLDERH CDMX
Alfonso Caso Andrade 48 -6. Col.
Las Aguilas Ciudad de México
C.P. 01710

Teléfonos:

📞 • 52 (442) 455 2612

📞 •52 (55) 4622 7778

Horarios:

🕐 Lunes a Viernes de 9:00 am
a 6:00 pm

Contactanos en Facebook

Tu Nombre (requerido)

Tu Correo electrónico (requerido)

Asunto

Tu Mensaje

ENVIAR

CONCLUSIONES

Este libro es el reflejo de mi trabajo en el área de capacitación por más de 20 años. Este trabajo fue dividido en dos partes. Los capítulos nones trataron de toda mi trayectoria laboral, vivencias, satisfacciones, sufrimientos, problemas, aprendizajes, reflexiones, cambios y mucho más. Los capítulos pares narran lo que considero es la forma adecuada de trabajar para impartir un curso, lo que se hace para que sea aprobado, todo el proceso de planeación, la impartición y lo que se reporta después de haberse dado un curso.

Este libro está dirigido a todos los que han dado o han recibido capacitación. A los que han impartido cursos para que puedan tomar en cuenta todos los detalles que conlleva hacer un curso y puedan perfeccionarlo. Recuerda que si trabajas en este medio, siempre hay que estar abierto a aprender y nuestro trabajo siempre es perfectible y mejorable.

A continuación te presento una serie de recomendaciones para que puedas aplicar lo visto en este libro por medio de acciones concretas:

1. Ten muy claro cuál es el objetivo del curso que vas a impartir y elabora correctamente una Propuesta Técnica de Capacitación.

2. Elabora manuales y presentaciones de capacitación adecuados al curso que vas a impartir.

3. Al momento de impartir pon atención, observa al grupo, escucha a los participantes y ten mucha paciencia con ellos.

4. Haz un análisis de lo que te están preguntando y da explicaciones claras y sencillas para que el participante te entienda.

5. Imparte tus cursos dominando la técnica expositiva y complementa tu exposición usando elementos interrogativos, demostrativos y si es posible vivenciales.

6. Elabora correctamente y entrega tus reportes de capacitación al área correspondiente en la fecha requerida.

7. Emplea cursos en línea para difundir contenidos técnicos o de carácter informativo; no quieras desarrollar habilidades humanas en línea, no es la vía adecuada.

8. Decide si tu curso en línea será en vivo o grabado, y analiza cuáles son los beneficios de esa decisión que tomaste.

9. Si tu curso en línea es en vivo, debes revisar que todos los auxiliares de tu transmisión funcionen correctamente, como internet, micrófonos, cámara y que no ingresen sonidos externos a tu transmisión.

10. Si tu curso es grabado deberás subdividirlo en módulos y lecciones que no excedan los 10 minutos, cada uno. Cada grabación deberá ser técnicamente perfecta, si hay errores, deberás editar el video.

CONCLUSIONES

Si tu eres de los que recibe capacitación de manera constante, ya sea dentro de tu empresa o asistes voluntariamente por tu cuenta a cursos abiertos o los tomas en línea, este libro te será de utilidad. Has comprendido que un buen curso no solo trata de las habilidades de oratoria que tenga el instructor, sino que debe tener una extensa preparación y planeación, así como acciones de cómo el curso se puede aplicar en el día a día.

Un curso, por más divertido e interesante sea su tema, si no es aplicable a tu trabajo o vida personal, es un curso que no funciona. Ya sea la compañía donde trabajas o tú mismo, habrán perdido su tiempo, su dinero y desperdiciado su esfuerzo.

A continuación te presento algunas recomendaciones para que puedas aplicar lo visto en un curso:

1. Siempre analiza el objetivo y el temario del curso, si éste es aplicable a tu trabajo o vida personal.

2. Debes recibir un material de apoyo, ya sea un manual, la presentación o un cuaderno de trabajo que te sirva como guía. Si un instructor no te da material de apoyo, no está siendo profesional.

3. Cuando asistas a la sesión trata de llegar descansado porque requerirás de mucha energía para escuchar y aprender.

4. Escucha, analiza y toma nota de la información que consideres relevante durante la sesión.

5. Siempre que tengas alguna duda, pregunta, no hay peor pregunta que la que no se hace. No te de pena preguntar, tú estás para aprender y el instructor está a tu servicio para orientarte y apoyarte.

6. Colabora y participa, pero no trates de ser el protagonista de la sesión. Deja que otros participen y aporten al grupo.

7. Cuando hagas la evaluación del curso, sé objetivo. No evalúes bajo al instructor si te cayó mal o alto si te cayó bien; haz una evaluación objetiva basada en la utilidad del curso y las áreas de mejora. Anota tus comentarios al final de la evaluación.

8. Si tu curso es en línea, analiza el objetivo del curso y si éste es aplicable a lo que tú estás buscando.

9. Si el curso en línea es en vivo, sé puntual porque las sesiones son cortas y los minutos que te pierdas ya no podrás reponerlos.

10. Si el cuso es grabado y no entendiste algún concepto, tienes la ventaja de pausar el video y regresarlo para volver a escuchar la parte que no entendiste.

Finalmente, ya seas capacitador o participante, ten siempre la disponibilidad y vocación de aprender. En un curso aprenden todos, tanto los participantes aprenden del instructor, como el instructor de los participantes.

AGRADECIMIENTOS

A mi amigo Jean Dominique Daphnis, por apoyarme y orientarme en todo el proceso de publicación de este libro.

A José Luis Arizaleta por su amistad, apoyo y por la realización del Prólogo de este libro.

A Enrique y Alicia Enciso por darme la oportunidad de trabajar en Barter y tener mi primera experiencia en el ámbito de la capacitación.

A Jaqueline Flores por el equipo que formamos y todo lo que pudimos aterrizar en Barter.

A Bárbara Chaparro por creer en mí y ayudarme a desarrollar mi potencial.

A Adalberto Samaia por ser mi primer maestro, a quién le aprendí que la creatividad, el aprendizaje y la diversión pueden estar juntos y ser muy efectivos.

A Gloria Gómez Palacio por su confianza, por su paciencia y por darme la libertad de aprender de otras áreas de Hipotecaria Nacional.

A Luis Farías, Mariana Ríos, Octavio Coronado, Gaby León y Pablo Zolle, por ser los mejores consultores con los que he trabajado y por todo lo que les aprendí a cada uno de ustedes.

A Oscar Ávila, por invitarme a trabajar en el proyecto de INFONAVIT y sus enseñanzas en mi estancia en Hipotecaria Nacional.

A Sandra Alegría por su amistad y por invitarme a trabajar en el proyecto innovador de Siemens.

A Mauricio Gleich, por su amistad y por su apoyo abriendo un espacio para SOLDERH en la Guía de Capacitación Empresarial.

A mi hermana Roxana, por ayudarme a desarrollar SOLDERH.

A Alfonso Velázquez y Carlos Martínez por su lealtad y esfuerzo durante los años que han trabajado en SOLDERH.

Finalmente a ti, por darte el tiempo y el espacio de leer este libro, que aproveches al máximo lo que aprendiste de esta obra. No cometas los errores que yo cometí, toma las oportunidades que se te presenten y siempre que puedas haz las cosas con pasión.

BIBLIOGRAFÍA

El ABC de la Capacitación, Maxwell John, Vergara y Riba, 2007

Capacitación y Desarrollo de Personal, Grados Espinos Jaime, Trillas, 2009

Aprender Jugando: Dinámicas Vivenciales para la Capacitación y Docencia, Acevedo, Alejandro, Limusa, 2008

Aprendiendo a Aprender, Novak, Jay, Martínez Roca, 2002

El Método Obama, Swan, Rupert, Debolsillo, 2009

Cómo Evaluar las Acciones de Capacitación, Abraham, Pain, Granica, 1993

E-learning: Concepts and Practice, Holmes, Bryn y Gardner John, Sage Publicatios LTD, 2006

Gerardo Soto

Es Licenciado en Ciencias de la Comunicación por el Instituto Tecnológico y de Estudios Superiores de Monterrey.

Fue Comentarista Deportivo de Grupo Acir y Televisa del 1998 al 2000.

Cuenta con 21 años de experiencia en el ramo de la capacitación, donde ha ocupado diversos puestos como: Asistente, Instructor, Analista, y Gerente.

Tiene 15 años de experiencia como consultor y ha trabajado para empresas como: Banco Santander, Banamex, Seguros Monterrey New York Life, Banorte, Scotiabank, Roche, HSBC, Cinépolis, Bancomext, Infonavit, Siemens, Comisión Federal de Electricidad, Financiamiento Progresemos, Grupo México y Canon.

Es experto en temas como: Planeación Estratégica, Liderazgo, Trabajo en Equipo, Servicio al Cliente, Administración del Tiempo, Comunicación, Motivación, Gestión del Cambio y Formación de Instructores.

Actualmente es socio fundador y CEO de la consultoría SOLDERH.